Literatur-Kartei:
„Der Schimmelreiter"

Burkhard Seidler
Herwig Grau
Dietmar Wagner

Impressum

Titel:	Literatur-Kartei: **„Der Schimmelreiter"**
Autoren:	Herwig Grau, Burkhard Seidler, Dietmar Wagner
Layout, Satz:	ebene N, Mülheim an der Ruhr
Druck:	Druckerei Uwe Nolte, Iserlohn
Verlag:	Verlag an der Ruhr

Postfach 10 22 51, D–45422 Mülheim an der Ruhr
Alexanderstr. 54, D–45472 Mülheim an der Ruhr
Tel.: 02 08–43 95 40, Fax: 02 08–439 54 39
E-Mail: info@verlagruhr.de
www.verlagruhr.de

ISBN 3-86072-495-9
© Verlag an der Ruhr 2000

Die Schreibweise folgt der reformierten Rechtschreibung.

Ein weiterer Beitrag zum Umweltschutz:

Das Papier, auf das dieser Titel gedruckt ist, hat ca. **50% Altpapieranteil**, der Rest sind **chlorfrei** gebleichte Primärfasern.

Alle Vervielfältigungsrechte außerhalb der durch die Gesetzgebung eng gesteckten Grenzen (z.B. für das Fotokopieren) liegen beim Verlag.

Liebe DeutschlehrerInnen,

suchen Sie auch manchmal

- ergiebiges Unterrichtsmaterial, das Ihnen Vorbereitungszeit erspart?
- klassische Texte, mit denen sich moderner Unterricht machen lässt?
- ein Buch, das Themen berührt, die Schüler berühren?
- ein Werk aus dem Kanon von gestern, das auch noch Antworten für heute gibt?
- einen alten Stoff, an dem sich neue Entdeckungen machen lassen?
- eine Möglichkeit, die methodische Einfalt durch Vielfalt zu ersetzen?

Mit unserer Literaturkartei zu Storms „Schimmelreiter" haben Sie praxisbewährtes Unterrichtsmaterial zu einem Stück Weltliteratur in der Hand.

Der „Schimmelreiter" führt in eine einzigartige Landschaft mit einem weiten Horizont. An der Nordsee begegnen sich Wasser und Land, nichts erscheint festgegründet: Aus Landverlust wird Landgewinn und umgekehrt – Umwelt wird gleichermaßen als veränderbar und verändernd erfahren.

Die Lektüre erweitert unsere Erfahrungsraster auf eine faszinierende und irritierende Weise. Storm schafft mit seiner Novelle ein kunstvolles Gespinst aus nachvollziehbarer Realität und geahnter Irrealität. Der Mensch begegnet den Grenzen seiner Wahrnehmung.

Den Kräften der Aufklärung und des technischen Fortschritts stehen Mythen und Märchen gegenüber, vor deren Hintergrund das Rationale als unvernünftig erscheint.

Schüler aller Schularten, von der 8. Klasse bis zum Abitur, sind unserer Erfahrung nach in der Lage, sich den sprachlichen Herausforderungen der Novelle zu stellen.
Im „Schimmelreiter" begegnen die Schüler literarischen Denkfiguren, die Identifizierungs- und Abgrenzungsangebote machen:
Elke mit ihren Ängsten, Leidenschaften und Sehnsüchten –
und besonders Hauke Haien:
Ein Individualist im Konflikt mit der Mehrheit. Ein Großer, der das Maß verliert. Ein Mensch, der zu einem Unmenschen gemacht wird.
Ein Aufsteiger (vom Kleinbauernjungen zum Deichgrafen!), der viel will, viel wagt und viel erreicht – und am Schluss untergeht. Dabei kann man lernen, was tragisch heißt.

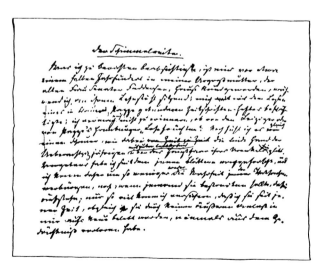

Wir legen Unterrichtsmaterialien vor, die Varianten der Textanalyse ebenso ermöglichen wie Textproduktion und die das Denken und Verstehen im Handeln verankern wollen.

Literatur-Kartei:
„Der Schimmelreiter"

Liebe DeutschlehrerInnen,

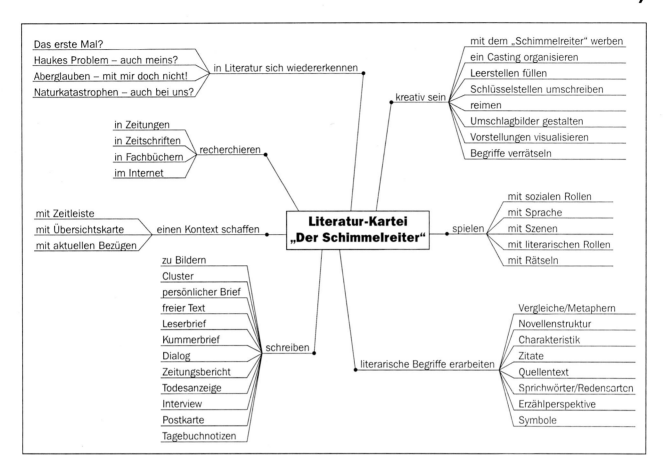

Auch wenn Sie nicht alle Angebote dieses umfangreichen Kataloges verwenden können: Sie werden Ihre Anregungen finden.

Bei den Anmerkungen zu den einzelnen Arbeitsbögen finden Sie zwei Symbole:

☞ weist auf Arbeitsaufträge für die Schüler hin.

✣ gibt besonders wichtige Hinweise für die Lehrkraft.

Die Seiten- und Zahlenangaben in dieser Literaturkartei beziehen sich auf
Theodor Storm: Der Schimmelreiter. (Philipp Reclam jr) Stuttgart 1998.

Inhalt

Hinweise zu dem Arbeitsbogen *Seite*	Arbeitsbogen *Seite*	Hinweise zu dem Arbeitsbogen *Seite*	Arbeitsbogen *Seite*
6	**Das Haus** — 43	31	**Ein wichtiges Gespräch** — 76
6	**Am Deich** — 44	32	**Mit meinen Worten** — 77
8	**Am Meer** — 45	32	**Sagen und Denken** — 78
9	**Unten und Oben** — 46	33	**Aber-Glauben** — 79
9	**Ein toter Kater** — 47	33	**Eine Quelle zum Schimmelreiter** — 81
10	**Fragebogen** — 48	34	**Sprach-Bilder** — 80
10	**Zeitungsausschnitte** — 49	35	**Struktur der Novelle** — 82
11	**Theodor Storm** — 50	35	**Ein langer Satz** — 83
12	**Übersichtskarte** — 51	36	**Was passt zur Person?** — 84
13	**Chronik der Ereignisse** — 52	36	**Todesanzeigen** — 85
14	**Namen** — 53	37	**Kummerbriefe** — 86
16	**Tiere und Pflanzen** — 54	38	**Interview** — 87
16	**Wer sagt denn so was?** — 55	39	**Wie heißt das Buch?** — 88
17	**Das erste Mal** — 56	39	**Umschlagbilder** — 89
18	**Haltungen** — 57	40	**Mit dem Schimmelreiter werben** — 90
19	**Friesen-Rätsel** — 58	41	**(Über-)Leben hinter dem Deich** — 91
19	**Anfangsbuchstaben** — 59		**Deich-Profile** — 92
20	**Deich und Demat** — 60		
20	**Antwort vorhanden – Frage gesucht** — 61		Referate — 94
21	**Gesichter** — 63		Projekte — 95
22	**Besetzungsbüro** — 64		Quellen — 96
23	**Stichwörter und Sprichwörter** — 65		Medienverzeichnis — 97
24	**Veranschaulichen** — 66		
24	**Schauplätze** — 67		
25	**Spuk-Bilder** — 68		
25	**Gegenstände** — 69		
26	**Lokalnachrichten** — 70		
27	**Tagebuchnotizen** — 71		
28	**Ja, wenn …** — 72		
29	**Erlkönig und Schimmelreiter** — 73		
29	**Brief an eine Freundin** — 74		
30	**Lücken** — 75		

Literatur-Kartei: „**Der Schimmelreiter**"

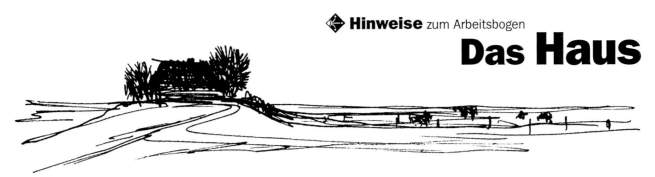

◆ **Hinweise** zum Arbeitsbogen
Das Haus

Bilder bieten ansprechende Gesprächsanlässe, Schreibimpulse und Gestaltungsaufgaben. Kommen sie vor der Lektüre der Novelle zum Einsatz, stehen die Schüler, ohne es zu wissen, bereits in Verbindung mit dem zu lesenden Werk, denn die Bilder spiegeln Themen und Szenen des „Schimmelreiters".

Sie vermögen Assoziationen und Gefühle im Betrachter auszulösen, die sich für die Aufnahme des Werks als hilfreich erweisen, weil die angebotene Visualisierung sich nicht so sehr auf eine sprachlogische Ebene, sondern auf eine ganzheitliche Wahrnehmung stützt.

 Schreibe deine Ideen auf: Wer wohnt in diesem Haus? Wo steht es? Wo ist Norden/Westen usw.? Wie sieht ein Blick aus dem Fenster aus? Was hören die Bewohner? Wie riecht es in diesem Haus?

 Notiere: Was für einen inneren Monolog löst das Bild aus? Sprich mit dir selbst über das Bild (innerer Monolog), und notiere deine Gedanken.

◆ **Hinweise** zum Arbeitsbogen
Am Deich

Anders gefragt: Wie gewinne ich den wechselnden Gefühlen ein Stück sicheres Land ab, wie verwandle ich die unsicheren Gefühle in konkreten Besitz?

Lit.: Wermke, Jutta: Grenzerfahrungen am Wasser. In: Praxis Deutsch 130/1995, S.37-41.

Das einzige Bergerlebnis, das ein Marschbewohner in seiner Heimat haben kann, ist der Blick vom Deich in die scheinbar unendliche Weite des Meeres. Er erfährt das Bedrohliche des Meeres und die Kleinheit des Menschen. Der Deich ist größer als der Mensch. Dieser Schutzwall trennt das Sichere, das Feste im Inland vom Unsicheren auf der Wasserseite. Betrachte ich den Deich als Metapher, so kann ich fragen: Welche persönlichen Schutzwälle benötigt der einzelne Mensch? Was gibt ihm Halt und Festigkeit? Ist es die Lebensaufgabe jedes Menschen, seinen „Koog" zu bauen, der die überströmenden Gefühle eindämmen kann?

Storm schickt seinen „Helden" Hauke Haien immer wieder an die Grenzen zum Meer. Das Meer kann zerstörerisch sein, Element des Ursprungs wie des Untergangs, mit magischer Anziehungskraft.
Trin Jans erzählt davon im Märchen von der Wasserfrau, sehr zum Unwillen Haukes. Das Meer ist ein Symbol für Weiblichkeit. Viele literarische Wasserwesen wie Nixen, Nymphen und Undinen symbolisieren die Verbindung von Weiblichkeit und Wasser.
Ist Haukes Traum vom sicheren Deich auch eine Abwehr der weiblichen Seite?

Literatur-Kartei: „**Der Schimmelreiter**"

◆ Am Deich

Mögliche Arbeitsaufträge:

 Fertige ein Cluster zum Thema „Deich".

 Erzähle, wie das Haus an diese Stelle geraten ist.

 Lasse dich von dem Bild (womöglich mit Musikuntermalung) zu einem freien Text anregen.

 Denke dir eine Ansprache an das Meer aus und behandle es als ein menschliches Wesen.
(Vgl. Haukes „Ansprache" 16,2ff.)

 Höre dir eine Phantasiereise an, und beschreibe deine persönlichen Gefühle und Empfindungen (z. B. wie das nahe Wasser über alle fünf Sinne zu erfahren ist, was du sonst noch wahrgenommen hast u. Ä.)
Ein Beispiel:

Stelle dir vor, du machst eine **Urlaubsreise** an die **Nordseeküste**, vielleicht mit deinen Eltern oder deinen Freunden oder auch allein.

Irgendwann bist du angelangt und gehst gespannt auf den grasbewachsenen Erdwall zu, den Deich. Der Himmel ist blau, ab und zu zieht eine weiße Wolke vorüber. Du genießt das schöne Wetter und steigst einen schmalen Weg auf den Deich hoch. Als du oben bist, öffnet sich der Blick in die Weite.
Du blickst über grünes Vorland, erkennst auch braune Erdflächen, den Schlick, und weit draußen glitzert ein Silberspiegel: die Nordsee. Der Horizont erscheint endlos weit entfernt. Über ihm wölbt sich der größte Himmel, den du je gesehen hast.

Du hörst, wie Vögel rufen mit einer seltsamen, klagenden Stimme. Dann ist es wieder still. Einen sanften, kaum merklichen Wind spürst du auf deinen Wangen. Ein Lufthauch spielt ein wenig mit deinen Haaren und kühlt dein Gesicht. Du glaubst ein wenig Salz auf deinen Lippen zu schmecken – alles ist anders, als du es gewohnt bist: überwältigend einfach.

Als du dich satt gesehen hast, wendest du dich um und blickst weit in das Marschland hinein. Kornfelder und Wiesen, soweit das Auge reicht, Gräben von Schilf umwachsen.

Die Häuser stehen auf kleinen Hügeln, wie auf Inseln, sind von Bäumen geschützt oder ducken sich hinter den Deich. Aus dem Schornstein steigt der Rauch fast senkrecht empor. In der Ferne Tiere, so klein wie Spielzeug. Ihre Rufe klingen vertraut.

Du wendest dich wieder um und gehst den Deich hinab, in Richtung auf das Meer zu. Du betrittst den Grasboden des Vorlands. Er ist wie ein Teppich unter deinen Füßen. Beschwingt schreitest du weiter. Spürst vielleicht ein Knirschen unter deinen Schuhen, bückst dich nach den Muscheln und den trockenen Holz- und Pflanzenresten, die von der Flut mitgebracht wurden. Du riechst Seetang und kannst jetzt deutlicher Salz auf deinen Lippen schmecken, Meersalz.

Du setzt dich ins Gras, glaubst das Rauschen von fernen Wellen zu hören, aber es ist ganz still, und du holst Luft, als hättest du noch nie so geatmet wie heute.

Hier bleibst du und genießt die Landschaft und den Augenblick, so lange wie du möchtest.

Hinweise zum Arbeitsbogen

Am Meer

Storm zeigt in seiner Novelle, wie die Landschaft Menschen prägt. Das Watt wirkt unheimlich, seine Schlickflächen täuschen einen festen Boden vor, in dem schon manche versunken, in dessen Wasserläufen viele ertrunken sind wie auch der Sohn von Trin Jans.

 Das Bild könnte schon Kontakt mit jenen „Bildern der Einsamkeit" (17,23) ermöglichen, mit denen Hauke am liebsten verkehrte, gerade dann, wenn sie durch eine gelenkte Phantasiereise vorbereitet werden:

„Schau dir das Bild genau an. Such dir eine Stelle, durch die du in das Bild hineingehst. Schau dich um, nimm Einzelheiten wahr. Welche Geräusche hörst du? Was spürst du auf der Haut und unter deinen Füßen? Wo ist der Weg, das Ziel, Bekanntes, Häuser, Bäume? Nimm einmal an, du wärest die Gestalt – welche Gedanken und Gefühle stellen sich ein?

WARTEN

Ich hab's gern dramatisch. So lange habe ich gedacht, dass ich allein bin, und jetzt will ich's wissen: Wenn ich hier jetzt stehe und auf die Flut warte, wenn sie mich mitreißt und ertränkt, wird auch nur eine wahre Träne geweint um mich?

(Schülerbeispiel)

Geh weiter in das Bild hinein.
Stell dir vor: Du begegnest einem Menschen.
Was sagt diese Person? Wie antwortest du ihr?
Geh wieder aus dem Bild heraus. Nimm dir Zeit dafür."

Weitere Anregungen:

 Beschreibe Landschaften, in denen du dich wohl fühlst, und wohin du gehst, wenn du in Ruhe gelassen werden willst. Schreibe auch auf, was sie dir bedeuten, warum du sie besonders magst und was du dort tust.

 Nimm das Bild als Kernszene einer längeren Erzählung. Verfasse für diesen Text eine Inhaltsangabe.

Literatur-Kartei: **„Der Schimmelreiter"**

Hinweise zum Arbeitsbogen

Unten und Oben

Die Bilder laden ein, die Handlung aus verschiedenen Perspektiven zu betrachten.

☞ **Schreibe eine Geschichte aus der Sicht eines Arbeiters, der gerade eine unangenehme Anweisung vom Deichgrafen bekommen hat.**

☞ **Erzähle die gleiche Geschichte aus der Sicht des Reiters, der Angst hat, die Arbeit könnte nicht gelingen.**

Möglicherweise hat die Schimmelreiter-Rezeption bisher zu einseitig die Perspektive des Deichgrafen berücksichtigt.
Aus dem Blickwinkel der kleinen Leute lassen sich die Nacht- und Schattenseiten des Helden deutlicher erkennen. Was bedeutet für sie der Herrenmensch, der so aussieht, als ob er sie am liebsten „peitschen" möchte (67,36)?

✣ Das Bild könnte später in Verbindung mit der Deichopfer-Szene (105,12 ff.) Verwendung finden. Es regt an, das Geschehen aus der Sicht eines der Arbeiter zu erzählen: „Wir waren mit dem neuen Deich fast fertig, nur das Anschlussstück an den alten Deich fehlte noch. Das war wieder Schwerstarbeit und dann bei diesem Wetter! Der Deichgraf tauchte immer mal wieder auf und schrie seine Befehle. Bis er den kleinen Hund entdeckte, den einer von uns in die Deichbaustelle geworfen hatte ..."

 Hinweise zum Arbeitsbogen

Ein toter Kater

Vor der Lektüre eingesetzt, provoziert die Szene auf dem Arbeitsbogen 5. Das Bild eines toten Katers auf dem Tisch verlangt nach Erklärungen. Phantasie ist gefragt.

✣ Anregung:
Ein Schüler begibt sich in die Rolle von Hauke und reagiert mündlich auf die ihm vorgelesenen Briefe.

☞ **Erfinde eine Geschichte, die erklärt, was der tote Kater auf dem Tisch zu bedeuten hat.**

☞ **Zeichne (skizziere) für das Bild einen Hintergrund, der zu deiner Geschichte passt.**

Nach der Lektüre der Kater-Episode (17,25ff.) können die Schüler erneut Stellung nehmen:

☞ **Schreibe als Haukes Vater (Trin Jans, Elke, Ole Peters, Dorfpastor, du selbst) einen deutlichen (verständnisvollen, hasserfüllten, belehrenden....) Brief an Hauke.**

☞ **Antworte als Hauke auf diesen Brief.**

✣ Vielleicht kann die Radierung von Eckener weitere Informationen dazu geben oder als zusätzliches Bild Verwendung finden.

Literatur-Kartei:
„**Der Schimmelreiter**"

◆ **Hinweise** zum Arbeitsbogen

Fragebogen

Der Arbeitsbogen sensibilisiert die Schüler für die Interpretation des „Schimmelreiters", das Verhalten der Personen und ihre Motivation.
Schon vor der Lektüre geben die Antworten auf den Fragebogen ein aufschlussreiches Bild unserer inneren Welt, der persönlichen Stärken und des persönlichen Glaubenssystems.

 Beantworte die Fragen für dich persönlich.

✣ Ein vertrauensvoller und geschützter Rahmen hilft bei der Lösung dieser Aufgabe. Die Möglichkeit der „inneren Beantwortung" sollte eingeräumt werden: Die Antworten werden nicht aufgeschrieben, vorgelesen oder abgegeben.

 Versetze dich in die Rolle einer literarischen Figur, z.B. Hauke oder Elke. Beantworte die Fragen und lasse dabei auch den Zeitpunkt der Handlung erkennen.

✣ Auch ein „öffentliches Interview" im Klassenverband erbringt gute Ergebnisse, wenn die Hauptfiguren von Schülern verkörpert werden.

✣ Vopel (Werteklärung für Jugendliche, Salzhausen 1994, S. 153) schlägt vor, dass Schüler sich ein Treffen mit einer literarischen Figur vorstellen. Anschließend schreiben sie einen Dialog auf, den sie mit ihrem Helden führen.
„Und nun könnt ihr noch einen Schritt weitergehen. Ihr könnt diese Person bitten, euch bei irgendeinem Problem zu helfen, das euch beschäftigt."

◆ **Hinweise** zum Arbeitsbogen

Zeitungsausschnitte

Hochwasser – Überschwemmung – Überflutung – Kampf der Menschen mit den Wassermassen: Zeitungsausschnitte zu diesen Themen verdeutlichen deren Aktualität.
Sie können schon im Vorfeld der Lektüre für die Thematik sensibilisieren.
Heute wie früher sind die Menschen hinter den Deichen vor den Fluten nicht ganz sicher. Meere und Flüsse werden immer wieder die Grenzen missachten, die Menschen ihnen gesetzt haben. Überflutungen sind nicht nur unvermeidbare Naturereignisse, sondern auch Folgen menschlicher Fehlplanungen. Deichbau bzw. Deichverstärkung bleibt eine Aufgabe, die mit erheblichen Aufwendungen verbunden ist. Zwischen Wirtschaft und Ökologie, Landschaftsnutzung und Landschaftsschutz, Expertenmeinungen und Anrainerinteressen muss man einen vernünftigen Ausgleich finden.

 Versieh die Zeitungsartikel mit Überschriften.

 Sammle weitere Zeitungsausschnitte zum Thema „Deich".

✣ Für eine Internet-Recherche ist die folgende Adresse hilfreich: http://www.paperball.de/

 Informiere dich über „Deichbau und Deichkatastrophen früher".

Literatur-Kartei: „**Der Schimmelreiter**"

❖ Zeitungsausschnitte

❖ Seit Menschen in unmittelbarer Nachbarschaft mit der See leben, haben sie sich bemüht, Schutzwälle vor dem Ansturm der Fluten zu errichten. Der Deichbau an der Nordseeküste blickt auf eine alte Tradition zurück, die ersten Deiche entstanden bereits 1000 n. Chr. Bei der schweren Marcellusflut 1362 ertranken rund 100 000 Menschen, die große Sturmflut von 1634 forderte über 8000 Todesopfer und noch 1962 waren es einige hundert. Die im „Schimmelreiter" erwähnte Sturmflut von 1655 (124,13) wird u. a. in »Anton Heimreichs nordfriesischer Chronik« 1668, S. 408 erwähnt: *„Wie denn auch Anno 1655, den 4. Aug. ein schrecklicher Südweststurm entstanden, dadurch der teich von Bredstedt nacher Husum überall eingebrochen."*

 Fragen zur Diskussion:
Hauke Haiens Eingriff in Watt- und Vorlandgebiet wäre heute vermutlich auf erbitterten Widerstand gestoßen.
Sollen Wattflächen für den Deichbau in Anspruch genommen werden?
Ist der Deich wirklich ein Symbol für die Überlegenheit des Menschen über die Natur?
Was hat Deichbau eigentlich mit Politik zu tun?
Lies dazu auch den nebenstehenden Zeitungsartikel.

Als die große Oderflut im Juli/August 1997 nach Brandenburg kam, stand er als „Deichgraf" im Flutlicht der Scheinwerfer, musste vor Mikrofonen Rede und Antwort stehen. Der bärtige Mann hat auf der Deichkrone an der Oder als sympathischer, kompetenter und lockerer Beamter in Jeans mit Gummistiefeln viele Pluspunkte gesammelt. Matthias Platzeck, der gestern in Berlin mit der „Goldenen Kamera" der „Hörzu" geehrt wurde – er war der Brandenburger Medienmann des Sommers 1997.

Mit der Popularität kann der am 29. Dezember 1953 in Potsdam als Sohn eines Arztes und einer Pfarrerstochter geborene Matthias Platzeck gut leben. Sein oberster Grundsatz lautet: bescheiden bleiben, da sein, zuhören und mitdenken.

1995 trat Platzeck der SPD bei. Er ist geschieden und hat drei Kinder. Rückendeckung hat Matthias Platzeck bei Angela Merkel. „Meine Hochachtung!", rief sie ihm in Frankfurt/Oder zu, als die Pegel sanken. Helmut Kohl bot Platzeck sogar an: „Ruf mich an, wenn du was brauchst." Ministerpräsident Manfred Stolpe, so munkelt man in Potsdam, baut Platzeck zum Kronprinzen auf. Wer sich an die Flutkatastrophe von Hamburg 1962 erinnert, denkt an Helmut Schmidt. Der meisterte damals als Innensenator die Katastrophe mit seinen Helfern und kletterte in Bonn die Karriereleiter bis zum Bundeskanzler hinauf. Matthias Platzeck fand während der Oderflut „seine Deichfürstin". Sie heißt Carla Kniestädt und ist Reporterin beim ORB. Irgendwann hatte es bei täglichen Begegnungen an der Oder gefunkt.

Berliner Morgenpost (gekürzt) 1998

❖ Hinweise zum Arbeitsbogen
Theodor Storm

Der Arbeitsbogen regt an, Informationen über den Autor zu beschaffen und auszuwerten, dabei mit Nachschlagewerken und (elektronischen) Dateien gezielt umzugehen.

 Trage die Stichworte, die du gefunden hast, in den Arbeitsbogen ein.

❖ Umfangreichere Ergebnisse der Informationsbeschaffung sollten auf Plakat oder Wandzeitung bzw. als Kurzreferat präsentiert werden.

❖ Am Computer könnte ein (Hyper-)Text über das Leben des Autors entstehen.

Informative Internet-Adressen:
http://gutenberg.aol.de/
http://www.husum.de/
http://www.xlibris.de/Autoren/Storm/StBio/StBio01.htm

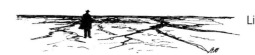

Hinweise zum Arbeitsbogen
Übersichtskarte

Geografischer Schauplatz der Novelle ist die Nordseeküste. Dieser Kartenausschnitt nördlich von Husum spiegelt den fiktiven Handlungsraum der Novelle wieder.

Der Ausschnitt aus der Karte vor der großen Flut 1634 weist Ortschaften auf, die es heute noch gibt: Bredtstede (Bredstedt), Brecklum (Breklum), Schobul (Schobüll) usw.

Die daraus entstandene Übersichtskarte von Laage hilft den Schülern, sich die Handlungsräume der Novelle vorzustellen und die Zusammenhänge (z.B. beim versuchten Deichdurchstich, S.138, 17ff.) besser zu verstehen. Sie erleichtert Raumvorstellungen, z.B. bei verschiedenen Angaben zur Himmelsrichtung (4,23; 20,14; 69,27; 104,13; 123,28; 124,3; 128,17).

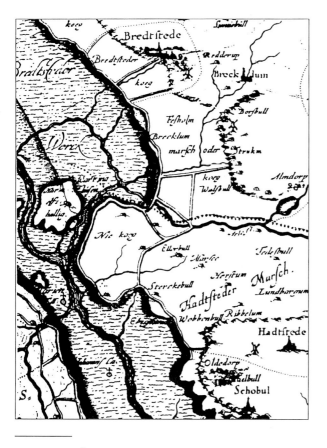
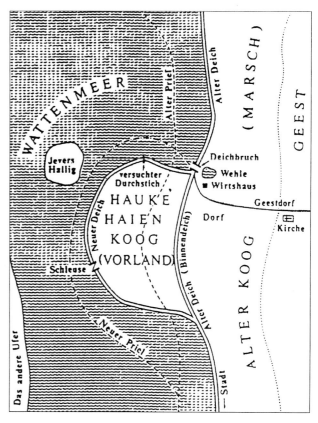

Lit.: Die Übersichtskarte kommt aus der empfehlenswerten, von Karl-Ernst Laage herausgegebenen Einzelausgabe des „Schimmelreiters" (Boyens Verlag, Heide 1970).

Mögliche Arbeitsaufträge:

 Beschrifte die Übersichtskarte nach Angaben aus dem Text.

 Schreibe in die umrandeten Platzhalter die folgenden Begriffe: Schleuse, Wehle, versuchter Deichdurchstich, Deichbruchstelle, neuer Priel, alter Priel, Jevers Hallig.

 Erstelle anhand dieser Vorlage eine Karte, wie sie ausgesehen haben mag, bevor Hauke Haien seinen Deichbauplan verwirklichte (und wie es auf S. 69 beschrieben ist).

Literatur-Kartei:
„Der Schimmelreiter"

♦ Hinweise zum Arbeitsbogen
Chronik der Ereignisse

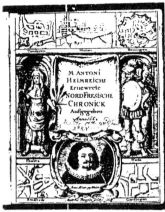

Nordfriesische Chronik (1668)

Storm ist in seiner Novelle eine enge Verflechtung von Realität und Fiktion gelungen. Historische Ereignisse wie die Sturmflut 1655 (124,13) oder die Geburt Hans Mommsens 1735 (11,1) werden verbunden mit erdachten Begebenheiten wie der Geburt Haukes (11,1). Sie könnten sich zwar wirklich ereignet haben, sind aber literarische Fiktion.
Der Arbeitsbogen will diesen Umstand visualisieren.
Die Erzählzeit der Novelle ist so umfangreich, dass viele Schüler sie schwer erfassen. Der Arbeitsbogen fordert die Schüler dazu auf, die sich über viele Jahre erstreckende Handlungsdauer der Binnenerzählung zu verdeutlichen.

 Jeder Kasten auf dem Arbeitsbogen steht für ein Jahr. Ermittle, wie viele Jahre die Handlung umfasst.

 Trage wichtige Ereignisse in den Jahreskalender ein.

✜ Für diese umfangreiche Arbeit bietet sich arbeitsteilige Gruppenarbeit an.

✜ Für Lehrerhinweise ist die folgende Aufstellung gedacht:

Ereignis innerhalb der Binnenerzählung:	Fundstelle:
Haukes vermutliches Geburtsjahr	(9,11f.) (11,1ff.)
Der junge Hauke lernt holländisch, um den „Euklid" zu verstehen	(10,11ff.)
Haukes Konfirmation	(17,25f.)
Katergeschichte	(17,26ff.)
Elke Volkerts 18 Jahre. Kleinknecht Hauke „verguckt sich" in sie	(24,29) (31,23ff.)
Hauke macht als „kleiner Deichgraf" Karriere	(36,8ff.)
Die Beziehung zwischen Elke und Hauke wird deutlich	(36,32ff.)
Winterfest: Boßelwettkampf/ Ringkauf für die heimliche Verlobung	(37,7ff.) (49,4ff.)
Hauke kehrt in sein Elternhaus zurück. Tede Haien stirbt	(51,33ff.) (52,2ff.)
Hauke „verlobt sich" mit Elke bei einer Hochzeitsfeier	(58,15ff.)
Tede Volkerts stirbt. Hauke wird Deichgraf und heiratet	(59,16ff.) (65,16)
Das Pferde-Gespenst auf Jewersand. Schimmelkauf	(76,36) (81,17ff.)
Befehl zur Eindeichung. Diskussion um den neuen Deich	(88,5ff.)
Beginn des Deichbaus	(95,8ff.)
Wienke geboren	(98,4f.)
Beginn des 2. Bauabschnitts	(102,9ff.)
Letzte Bauarbeiten. Rettung des kleinen gelben Hundes	(104,6ff.) (105,35ff.)
Trin Jans wird 80 Jahre alt	(112,2f.)
Hauke erkrankt schwer	(122,17ff.)
Der Schaden am alten Deich	(122,24ff.)
Trin Jans stirbt	(129,10ff.)
Sturmflut: Tod des Deichgrafen H. Haien	(132,10ff.)

Literatur-Kartei:
„Der Schimmelreiter"

Hinweise zum Arbeitsbogen

Namen

Dieser Arbeitsbogen listet alle Namen der Binnenerzählung auf und vermerkt die Fundstelle im Text. Er soll für die Schüler eine Hilfe sein, die es nicht gewohnt sind, sich in Texten mit einem größeren Personeninventar zurechtzufinden.

 Die Mittelspalte ist von den Schülern zu ergänzen.

Die Schüler untersuchen die Liste nach folgenden Fragestellungen:
Wie ist das zahlenmäßige Verhältnis von Männern und Frauen, Kindern und Erwachsenen, jungen und alten Menschen?
Ändert sich das Bild, wenn man die Zahl der Haupt- und Nebenpersonen berücksichtigt?
Welche Personen haben keinen (vollständigen) Namen?
Kannst du dir Gründe dafür ausdenken?

 Ordne die Namen so an, dass Figurenkonstellationen deutlich werden.
Arbeite mit verschiedenen Farben, um Zusammengehörigkeiten deutlich zu machen. Mit unterschiedlichen Schriftgrößen kannst du die Bedeutung der einzelnen Personen veranschaulichen.

 Stelle alle Mitglieder der Lerngruppe so im Klassenraum auf, dass Zugehörigkeiten sichtbar werden.

❖ Zum besseren Verständnis bekommt jeder Schüler ein Pappschild mit seiner Rolle.

 Spiel: Personenraten
Die Lehrkraft klebt jedem Teilnehmer mit Klebestreifen einen Zettel auf den Rücken. Auf dem Zettel steht ein Name aus dem Personeninventar des Schimmelreiters. Dann soll jeder raten, wer er selbst ist (d.h. welchen Namen er auf seinem Rücken trägt). Durch Entscheidungsfragen bekommt er Informationen über seine Rolle. Jeder Teilnehmer darf nur dreimal befragt werden. Wer die Person geraten hat, klebt den Zettel auf die Brust.

❖ Die Grundidee lässt mehrere Variationen zu: Einige (alle) Personen können gleichzeitig agieren, die erratenen Namen werden auf ein Plakat geklebt, das Fragerecht wird beschränkt, Teilnehmer dürfen sich gegenseitig durch Fragen helfen, Kreisspiel ...

 Lasse eine Person über die Rolle sprechen, die sie angenommen hat. Die Zuhörer sollen diese Rolle erraten: „Du bist ... ."

Ich habe selten Probleme, bin meistens guter Stimmung und liebe meine Tochter. Am liebsten esse ich Entenbraten.

Ich habe Angst vor Gespenstern. Sie haben mir Unglück gebracht. Hauke Haien mag ich nicht sehr, obwohl ich in meinem hohen Alter auf seinem Hof leben darf.

 **Zeichne eine Person.**

Literatur-Kartei:
„**Der Schimmelreiter**"

# Namen

 Fertige Monogramme! Die kunstvoll gestalteten Anfangsbuchstaben eines Namens können zeigen, wie sich die dahinterstehende Person sieht.

 Einige Personen haben keinen vollständigen Namen. Denke dir einen Namen aus, und erfinde eine (kurze) Geschichte dazu. Passt sie vielleicht in den „Schimmelreiter" hinein?

Person / Name	Deine Bemerkungen / Stichworte / Hinweise / Namensvorschläge …	Textstelle:
Ein junges **Weib** Sie hat Angst vor den Wasserleichen		14,27ff.
Ein alter **Kapitän** Er erzählt Hauke Geschichten		16,7ff.
Elkes Vetter Er ist jung, aber schon Deichbevollmächtigter		47,2f.
Elkes Freundin Sie ist schon älter		48,1
Ein **Bauer** Er trifft Trin Jans mit ihrem Bettbezug		20,21
Die **Frau des Pastors** Von ihr wird Elke so scharf beobachtet		58,21ff.
Der **Tischnachbar der Pastorenfrau**		58,23ff.
Der **Schulmeister** Er hilft Tede Volkerts bei der Deichabrechnung		23,31ff.
Der dicke **Niß** Kleinknecht beim Deichgrafen Tede Volkerts		27,9ff.
Elkes Großvater Sein Vater war als Deichgraf berühmt		23,27ff. 28,16ff.
Kretler der Geestleute Beim Boßelwettkampf diskutiert er mit Ole		41,17ff.

✣ Namen üben häufig „magische Wirkung" aus, heißt es. Ist es eigentlich ein Zufall, dass Haukes Nachname klangliche Ähnlichkeit mit „Freund Hein" hat (also dem Tod)?

Literatur-Kartei: „**Der Schimmelreiter**"

◆ **Hinweise** zum Arbeitsbogen

Tiere und Pflanzen

Storm erweist sich im „Schimmelreiter" als hervorragender Naturbeobachter und -beschreiber.

Die **Tiere** der Novelle sind Pferd (4,2), Krähe und Möwe (4,9), Kuh (11,8), Schaf (11,9), Krabben (14,34), Fischreiher (16,28), Angorakater (17,27), Kiebitz (17,35), Strandläufer (18,11), Eisvogel (18,30, s. Abbildung), Saatgans (23,27), Ente (26,33), Storch (31,10), Ratte (32,10), Stieglitz (33,5), Otter (34,1), Taube (38,23), Silbermöwe (45,18), Fischadler (75,26), Lerche (86,23), Wiesel (86,24), Wasserratte (86,24), Hund (105,33), Avosetten (Säbelschnäbler 108,34), Rottgänse (109,3), Lachmöwe (111,33), Wildgans (120,4), Maus (123,14).

An **Pflanzen** werden genannt: Raps (9,28), Stachelbeeren (10,31), Bohnen (11,10), Strandnelken (18,6 s. Abbildung), Seewermut (ebd.), Esche (25,7), Rüben und Kohl (25,18), Distel (33,5), Schilf (41,12), Wermut (112,27).

Schon bald erkennt Haukes Vater, dass Hauke weder für Kühe noch Schafe Sinn hat und kaum merkt, „wenn die Bohnen blühten" (11,10). Er tötet Vögel und einen Angorakater, ehe in der Begegnung mit dem Schimmel eine ganz andere, naturverbundene Seite zum Ausdruck kommt. Haukes Sinnlichkeit im Umgang mit dem Pferd tritt z.B. 85,18ff. zutage.

Die an verschiedenen Stellen genannte Esche versinnbildlicht die Vergänglichkeit des Menschen.

◆ **Hinweise** zum Arbeitsbogen

Wer sagt denn so was?

Der Arbeitsbogen prüft Leseverständnis und inhaltliche Kenntnis.
Er gewinnt an Schwierigkeit, wenn die hier vorgegebenen Seitenzahlen weggelassen werden.
Ein weiterführendes Gespräch wird nach Zusammenhängen fragen, z.B. beim 6. Satz:

☛ **Welche (guten) Gründe hat Elke, sich an dieser Stelle in die Beratungen einzumischen?
Warum hätte sie es vielleicht lieber nicht tun sollen?**

☛ **Welche Rolle spielen überhaupt die Motive des Redens und des Schweigens in der Novelle?**

☛ **Was wird alles nicht gesagt? Zum Beispiel S.40:
Hauke hätte Elke eigentlich ruhig erzählen können, warum er in die Mannschaft aufgenommen wird.
Welche Gründe hat er vermutlich für sein Schweigen?**

Literatur-Kartei: „**Der Schimmelreiter**"

❖ Wer sagt denn so was?

❖ Das Schweigen hat in der Kommunikation dieser nordfriesischen Menschen offenbar einen hohen Stellenwert, wie mehrere Textstellen nachweisen:

(33,28f.): *Er schwieg, aber ein Faustschlag, den der Alte auf den Tisch tat, dröhnte ihm in die Ohren (...)*

(39,32ff.): *(...) sagt nur, wer ist der erste Mann im Dorf? Da schwiegen sie erst und schienen sich zu besinnen;*

(50,35): *Sie schwiegen eine Weile und sahen in das Abendrot (...)*

(90,19ff.): *(...) und da die Versammlung eben nicht geneigt war, ihm zuzustimmen, so schwieg sie weiter.*

(95,1ff.): *Aber man kam doch nicht zu Ende, obgleich Ole Peters schwieg und die Leute erst zum Abendbrote auseinandergingen; (...)*

(106,35ff.): *Einen Augenblick schwieg alles, denn aus dem hageren Gesicht des Deichgrafen sprühte der Zorn, (...)*

Warum wird hier geschwiegen? Wenn in diesen Szenen geschwiegen wird, was wird dann gedacht? (Siehe auch Arbeitsbogen „Sagen und Denken", S.78)

Tede Haien	Er „ist ein Dummkopf, dumm wie 'ne Saatgans." (S.23)	Tede Volkerts
Tede Haien	„...die Kate ist hier zu klein; zwei Herren können darauf nicht sitzen -" (S.23)	Tede und Hauke Haien
Ole Peters	„Hol der Teufel den verfluchten Schreiberknecht!" (S.30)	Hauke Haien
Die „andern"	„Schad nur, dass der Bengel nicht den gehörigen Klei unter den Füßen hat; das gäbe später sonst wieder einmal einen Deichgrafen; wie vordem sie dagewesen sind (S.35)	Hauke Haien
Hauke Haien	Ich dachte, Elke, ich hätte was Besseres gewonnen!" (S.48)	Elke
Oberdeichgraf	„(...) dass ein Deichgraf von solch junger Jungfer gemacht wurde, das ist das Wunderbare an der Sache!" (S.65)	Elke
Ole Peters	„... er ist hinterspinnig und sucht beim Oberdeichgraf sich 'nen weißen Fuß zu machen; (...)" (S.67)	Hauke Haien
Jewe Manners	„Wolt ihr ihm selbst nicht danken, eure Enkel werden ihm den Ehrenkranz doch einstens nicht versagen können (S.90)	Hauke Haien
Arbeiter	»Frisch zu! Der Schimmelreiter kommt!« (S.96)	Hauke Haien
Hauke Haien	„Ich weiß ja wohl, du kannst nicht allezeit wie du willst, auch du nicht;" (S.99)	Gott
Trin Jans	„Du strafst ihn, Gott, der Herr! Ja, ja, du strafst ihn!" (S.114)	Hauke Haien
Elke	»Herr Gott und du mein Jesus, lass uns nicht Witwe und nicht Waise werden! Schütz ihn, o lieber Gott; nur du und ich, wir kennen ihn allein!« (S.135)	Hauke Haien

❖ Hinweise zum Arbeitsbogen
Das erste Mal

Die Schüler werden mit diesem Arbeitsbogen zu genauem Lesen und zum Lesen zwischen den Zeilen angehalten. Sie lernen dabei Storm als einen Meister der Andeutung kennen.

Weitere Aufgaben:

 **Formuliere Fragen zum Thema: Das letzte Mal ....
Zum Beispiel: Wann sehen sich Hauke und Elke das letzte Mal?
Wann wird Ole Peters zum letzten Mal in der Novelle erwähnt?**

 **Schreib auf, welches „erste Mal" für dich besonders wichtig war.
Deine Erinnerungen und Empfindungen sollen die Bedeutung dieses „ersten Mals" klarmachen.**

Mögliche Lösungen:

1	... sichtbar, dass Hauke sich in Elke verliebt hat?	31,23
2	... klar, dass Hauke Haien die Idee hat, einmal Deichgraf zu werden?	13,17
3	... deutlich, dass Tede Haien den alten Deichgrafen verachtet?	23,26
4	... klar, dass Ole Peters etwas gegen Hauke hat?	29,22
5	... deutlich, dass Elke den nahen Tod ihres Vaters vorausahnt?	51,16
6	... von Hauke gegenüber Elke von seinen Plänen für einen neuen Deich gesprochen?	71,6
7	... eine Verbindung zwischen Haukes Schimmel und dem Teufel ausgesprochen?	86,12
8	... vom Hauke-Haien-Koog gesprochen?	110,16
9	... wahrscheinlich, dass das Kind Wienke behindert ist?	103,26
10	... anschaulich, dass der alte Deich brüchig ist?	123,11

Hinweise zum Arbeitsbogen

Haltungen

Grundanschauungen der handelnden Figuren sind hier in pointierter Form zusammengefasst. Die Sätze lassen sich den folgenden Personen zuordnen: Elke (a), der junge Karsten (b), Ole Peters (c), Jewe Manners (d), Hauke (e), Deichgraf Tede Volkerts (f), der Knecht Iven (g), Trin Jans (h), Tede Haien (i), Wienke (j), Oberdeichgraf (k).

 Bevor die Schüler diese Sätze den Figuren des „Schimmelreiters" zuordnen, sollten sie einschätzen, wie nah und wie fern ihnen die hier genannten Annahmen über den Menschen und die Welt sind.

 Sie könnten auch überlegen: Kenne ich Menschen, die auch heute solche Annahmen vertreten?

 Ein Unterrichtsgespräch über diese Sätze sollte Fragen diskutieren wie: Ändern sich die Personen des „Schimmelreiters" in dem, was sie tun und sagen? Machen sie eine Entwicklung durch? Oder bleibt ihr Verhalten grundsätzlich gleich? Welche Fähigkeiten und Werte spiegeln sich in diesen Sätzen wieder?

 Arbeite mit dieser Liste:

Zitat	Ich denke genau so .... ganz anders *)	Ähnliche Personen aus Literatur, öffentlichem Leben	Person aus dem Schimmelreiter	Textstelle:
a				
b				

usw.
*) Benutze eine Punktebewertung: 5 P. = volle, 0 P. = keine Zustimmung

 Finde ähnliche Sätze für andere Figuren aus dem „Schimmelreiter".

 Beschreibe (Zeichne, Spiele ...), wie Gefühle und Einstellungen der Figuren ihren körperlichen Ausdruck finden, z.B. Elkes Angst, Oles Eifersucht, Haukes Ehrgeiz, Trin Jans' Einsamkeit, die Bequemlichkeit des alten Deichgrafen oder die Heimlichtuerei der Konventikelbesucherinnen (99,25ff.).

„Wir haben den lebendigen Glauben, aber die Sünde lastet wie ein Stein auf unserer Gemeinde. Der Deichgraf ist ein Gottesleugner. Womöglich stimmt die Sache mit dem Teufelspferd."

 (Schülerbeispiel)

Hinweise zum Arbeitsbogen
Friesen-Rätsel

1		W	A	S	S	E	R	F	R	A	U
2			D	E	I	C	H	B	R	U	C	H
3		R	A	U	C	H	W	O	L	K	E	N
4			G	E	R	I	P	P	E		
5		S	T	U	R	M	F	L	U	T	
6	S	C	H	U	L	M	E	I	S	T	E	R
7			K	R	E	B	S			
8	T	E	U	F	E	L	S	P	F	E	R	D
9		G	O	L	D	R	I	N	G		
10			P	R	I	E	L				
11		S	C	H	L	I	C	K			
12		S	E	E	T	E	U	F	E	L	
13	N	O	R	D	W	E	S	T			
14		K	A	R	O	L	I	N	E		

Rätsel sind naheliegende Arbeitsformen für einen Text, der selbst viele rätselhafte Züge hat. Deshalb wird in diesem Rätsel vor allem nach dem gefragt, was auch im Buch rätselhaft erscheint.

✢ Beim Ausfüllen sollten die Schüler ausschließlich Großbuchstaben verwenden und möglichst mit Bleistift schreiben.

☞ **Ein dankbarer Arbeitsauftrag: die Schüler konstruieren selbst Rätsel mit möglichst vielen Begriffen aus dem „Schimmelreiter".**

Hinweise zum Arbeitsbogen
Anfangsbuchstaben

Die Namen von drei Hauptfiguren aus dem „Schimmelreiter" sind hier so angeordnet, dass die einzelnen Buchstaben zu Neubildungen anregen.

☞ **Finde Wörter, Satzteile oder Sätze, die irgendwie zu den Figuren passen. Die Anfangsbuchstaben sind vorgegeben.**

Schülerbeispiele:

OLE **L**IEBT **E**INE ! **P**ARTIE **E**NDET **T**RAGISCH: **E**R **R**ÄCHT **S**ICH

☞ Gestalte einen ähnlichen Arbeitsbogen.

✢ Das Sprachspiel mit dem ersten Buchstaben einer Zeile (Akrostichon) macht besonders in Kleingruppen Vergnügen.

HAUKE **H**AIEN.
HAGER. **A**LLEIN. **U**NABHÄNGIG. **K**LUG. **E**HRGEIZIG.
HOCHMÜTIG. **A**USDAUERND. **I**N SICH GEKEHRT. **E**INSAM.
NICHT ABERGLÄUBISCH.

ELKE **V**OLKERTS
ERNST. **L**EIDENSCHAFT. **K**LUGHEIT. **E**HRGEIZ.
VERLIEBTHEIT. **O**PTIMISMUS. **L**IEBE. **K**RANKHEIT.
EINFÜHLUNGSVERMÖGEN. **R**UHE. **T**RAUER. **S**ORGEN.

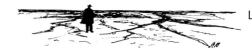

Literatur-Kartei: „Der Schimmelreiter"

◆ Hinweise zum Arbeitsbogen

Deich und Demat

Storm war ein Freund von Rätseln und Wortspielen.

Lit.: Eversberg, Gerd: Rätsel und Wortspiele von Theodor Storm. In: Schriften der Theodor-Storm-Gesellschaft 45(1996), S.41 ff.

Das hier vorliegende Rätsel bringt 24 wichtige Fachbegriffe aus dem „Schimmelreiter". Es veranlasst die Schüler zu einer intensiven Lektüre unter Benutzung der Anmerkungen in der Reclam-Ausgabe des „Schimmelreiters".

Das Rätsel ist als Zusatzstoff für die Lernschnellen geeignet und auch als Gruppenarbeit.

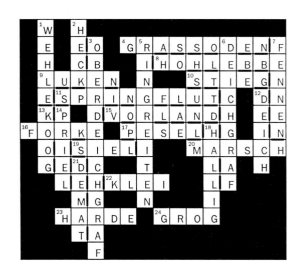

◆ Hinweise zum Arbeitsbogen

Antwort vorhanden – Frage gesucht

Die unterrichtliche Verwendung dieser Begriffssammlung aus dem „Schimmelreiter" ist dem amerikanischen Fragespiel **Jeopardy** (deutsch im Fernsehsender TM3) nachempfunden: Zu einer gegebenen Antwort wird die passende Frage gesucht. Ziel ist es, das Textdetailwissen spielerisch zu überprüfen.

Bogen 19 soll den Spielern einen besseren Überblick über das Spielgeschehen ermöglichen und bietet eine Punktbewertung für die Antworten an.

Bogen 20 gibt dem Spielleiter einen Überblick über die Antworten.

Das schnelle Nachschlagen in einem Text kann geübt werden, wenn die Fragen mit den entsprechenden Zitatverweisen dargeboten werden.

Die Umkehr der Frage-Antwort-Praxis in spielerischer Form wirkt sehr motivierend auf die Schüler.

✥ Nach einem Hinweis auf „Jeopardy im Fernsehen" werden (nach Bedarf) einige Regeln besprochen und festgelegt:

1. Zahl der Mitspieler: In der Fernsehsendung spielen drei einzelne Personen gegeneinander. Es können auch Gruppen gebildet werden, die gegeneinander antreten. Vor der Antwort sollte in der Gruppe eine Beratung möglich sein. Vereinbarungen legen fest, wer antwortet, ob vorher eine gruppeninterne Diskussion stattfinden darf u.ä.

2. Das **Wortmaterial** (Zur Verfügung stehen 100 Wörter): Die Wortgruppen sind nach dem Prinzip „Vom Leichten zum Schweren" geordnet worden und mit entsprechenden Punktbewertungen verbunden.

3. Die optische/akustische **Darbietung** der einzelnen Frage: Tonband, mündlich durch die Lehrkraft, Wandtafel, Overheadfolie, Plakat, …?

4. Die zur Verfügung stehende **Zeit:** Wann ist das Spiel zuende? Wie wird die Zeitbegrenzung deutlich gemacht? (Gong, Klopfzeichen …)

5. Das **Fragerecht:** Wer darf zuerst fragen? Wie oft? Wie wird das Fragerecht angemeldet? Wer entscheidet darüber? Schiedsrichter? Welche Kompetenzen gibt das Fragerecht? (Auswahl einer neuen Wortgruppe, Wahl eines beliebigen Schwierigkeitsgrades, …) Wie verliert der Spieler das Fragerecht? Geht es bei einer falschen Antwort auf den nächsten Spieler über? Sind Verbesserungen der Antwort möglich?

6. Bewertung der Antworten: Wie hoch ist der Punktgewinn für die richtige Antwort? Sind spontane Verbesserungen möglich? Wie wird eine falsche Antwort „sanktioniert"? (z. B. durch Punktabzug, Verlust des Fragerechts, …)

◆ Antwort vorhanden – Frage gesucht

✣ Auch andere Quizaufgaben bereiten Schülern Vergnügen:
Die Lehrkraft liest eine kürzere oder längere Textstelle aus dem
„Schimmelreiter" vor. Welcher Schüler (aus welcher Gruppe) nennt
zuerst die Seite, auf der das Zitat steht?

Kiebitz

✣ Für das bekannte (und hier symbolträchtige) Teekesselspiel
bieten sich Begriffe wie Marsch, Bruch, Akt, Schrot usw. an:

Heck

Werft

Krug

◆ Hinweise zum Arbeitsbogen
Gesichter

Der Arbeitsbogen knüpft an ein Zitat aus dem „Schimmelreiter" an: „Und wieder
ging vor seinen Augen die Reihe übelwollender Gesichter vorüber" (67,32).

☞ **Diese Gesichter werden mit Denk- und Sprechblasen versehen.**

☞ **Die Schüler geben den Figuren eine Identität (z.B. Namen, Alter und Beruf, Schwächen, Stärken).**

✣ Ergänzende Fragen: Was gehört zur Lebensgeschichte der Figur? Mit wem lebt sie?
Wo wohnt sie? In welchem Gebäude? Wo steht es? Wie sieht es aus?
Wie verdient diese Figur ihren Lebensunterhalt?

☞ **Schreibe auf, in welchen Situationen diese Gesichter Hauke gegenübertreten. Jede Person hat ihre eigene (problematische) Beziehung zu Hauke.
Wie könnte diese Beziehung aussehen?**

☞ **Annahme: Zwei oder mehr der hier Abgebildeten kommen miteinander ins (Schreib-)Gespräch. Wie artikuliert sich die Kritik am Deichgrafen? Was könnte das „Körnchen Wahrheit" dabei sein? Wie bilden sich abergläubische Vorstellungen unter den Leuten aus? Wodurch kommt es zu einer Dämonisierung Haukes?**

Literatur-Kartei:
„**Der Schimmelreiter**"

◆ **Hinweise** zum Arbeitsbogen
Besetzungsbüro

Ein imaginärer „Schimmelreiter"-Film soll vorbereitet werden.
Eine Art „Casting" könnte stattfinden.
Welche äußeren Merkmale müssen die Schauspieler für ihre Rollen haben?
(Es geht dabei weniger um Details als um Typen.)

 Ehe die Schüler äußere Merkmale nach eigenen Vorstellungen aufschreiben, sollten sie zunächst untersuchen: Welche Informationen gibt mir der Text?
Über Elke, das „bräunliche Mädchen" (25,29), heißt es zum Beispiel: (...) „das ranke achtzehnjährige Mädchen mit dem bräunlichen schmalen Antlitz und den dunklen Brauen, die über den trotzigen Augen und der schmalen Nase ineinanderliefen" (24,29ff.).

 Schreibe einen Brief an einen Agenten, und beschreibe den Typ Schauspieler, den du suchst. Nenne Schauspieler, die du kennst. Begründe, warum du sie für die Rolle haben willst.

 Die Visualisierungsaufgabe heißt: Wähle aus den Abbildungen des Arbeitsbogens eine, die der Beschreibung am ehesten entspricht.

✥ Die Abbildungen 16, 26 und 17 zeigen Matthias Wiemann, den „Schimmelreiter" aus der Verfilmung von 1934 (siehe nebenstehendes Bild) sowie John Phillip Law und Gert Fröbe (als Tede Volkerts) aus der 1978 entstandenen „Schimmelreiter"-Bearbeitung.

 Suche auch in Fernsehzeitschriften u.ä. nach geeignetem Bildmaterial.

✥ Wenn eine Gruppe sich im Gespräch auf eine Rollenbesetzung einigen soll, kommen hier die unterschiedlichen Vorstellungen über Typen und Charaktere des „Schimmelreiters" zur Sprache.

 Welche Tiere werden für den Film benötigt? Liste für einen Dresseur auf, was von den Tieren verlangt wird.

 Welche Requisiten müssen angefordert werden?

 Welche Drehplätze sind erforderlich?

Literatur-Kartei:
„**Der Schimmelreiter**"

Hinweise zum Arbeitsbogen

Stichwörter und Sprichwörter

Storm verwendet viele Sprichwörter und Redensarten in seiner Novelle. Sie machen seine Sprache bildkräftig und unverwechselbar.
Sie bieten eine Chance, sich den in Redensarten und Sprichwörter gefassten Erfahrungen eines Kulturkreises und einer Sprachgemeinschaft zu öffnen.

Die Distanz zur eigenen Gegenwartssprache bzw. der Jugendsprache ist ein Gewinn für Textverständnis und -produktion.
Das Untersuchen, Begründen, Formulieren und Argumentieren wird vereinfacht, weil die Worte vorgegeben sind.

 Die Stichwörter weisen auf Redensarten bzw. Sprichwörter hin. Notiere sie.

✣ Beispiel: Hauke sagt zu Elke: „Ich weiss, wohin du damit segeln willst."

 Verdeutliche dein Verständnis durch Wiedergabe in eigenen Worten.

✣ Beispiel: Hauke sagt zu Elke: „Du willst mich wohl loben. Du hältst mich für den eigentlichen Deichgrafen."

 Notiere Redensarten und Sprichwörter, die eine ähnliche Erfahrung ausdrücken.

✣ Beispiel: „segeln": Hauke sagt zu Elke: „Ich weiss, dass du einen im Sinn hast."

✣ Weitere Sprichwörter:

Stichwort:	Fundstelle:
Spreu	9,9
verschleißen	28,16f.
Zacharies	41,30ff.
Maul	42,16
Gallimathias	42,18f.
Priesterhandel	85,2
Lawrenz	88,34f.
betrügen	127,7f.
?	

 Schreibe eine Geschichte, die erklärt, wie es zu einer Redensart gekommen ist.

 Bringe möglichst viele Redensarten in einem Dialog unter.

 Suche dir aus der beiliegenden Liste von sprichwörtlichen Redensarten zum Thema „Wasser" solche heraus, die zum „Schimmelreiter" passen. Vielleicht fallen dir noch andere ein?

Das Wasser nimmt alles weg. Das Wasser sucht sich seinen Weg. Die Ufer halten das Wasser. Feuer verzehrt, Wasser ernährt. In schönen Wassern kann man auch ertrinken. Stille Wasser sind tief.

Trau keinem stillen Wasser und keinem stillen Mann. Ins Wasser gehen. Einem das Wasser abgraben. Dem Wasser seinen Lauf lassen. Nahe ans Wasser gebaut haben. Sich über Wasser halten.

Lit.: Röhrich, Lutz: Lexikon der sprichwörtlichen Redensarten. (Herder) Freiburg 1991

 Mit welchen Sprichwörtern und Redensarten bist du groß geworden? Schreibe sie auf.

Literatur-Kartei: **„Der Schimmelreiter"**

◆ **Hinweise** zum Arbeitsbogen

Veranschaulichen

Eine Grundvoraussetzung erfolgreicher Textinterpretation ist die Fähigkeit, wichtige Stellen zu visualisieren. Auf diese Weise wird ein Denkprozess angeregt, der eigene Stellungnahmen ermöglicht und das Verständnis des Folgetextes erleichtert.

 Die Schüler sollen hier zwei Textstellen durch eine Zeichnung veranschaulichen. Bei der Deichskizze mögen schriftliche Ergänzungen den Zweck des neuen Profils verdeutlichen.

✣ Weitere Textstellen, die visualisiert werden können:

– (...) denn auch der halbe Mond, der jetzt in der Höhe stand, war meist von treibendem Wolkendunkel überzogen. (4,4ff.)

– (...) dann war's, als säh' ich plötzlich ihren Schatten an der Binnenseite des Deiches hinuntergehen. (5,29f.)

– (...) die Wände waren mit glasurten Kacheln bekleidet, auf denen hier ein Schiff mit vollen Segeln oder ein Angler an einem Uferplatz, dort ein Rind, das kauernd vor einem Bauernhause lag, den Beschauer vergnügen konnte (...). (26,15ff.)

– (...) zu einer Giebelstube hinauf, die zwar gleichfalls gegen Westen hinauslag, deren Fenster aber jetzt mit dunklen Wollteppichen verhangen waren. In einem Bücherregal sah ich eine kleine Bibliothek, daneben die Porträte zweier alter Professoren; vor einem Tische stand ein großer Ohrenlehnstuhl. „Machen Sie sich's bequem!", sagte mein freundlicher Wirt und warf einige Torf in den noch glimmenden kleinen Ofen, der oben von einem Blechkessel gekrönt war. (56,7ff.)

 Zeichne einen Querschnitt der im „Schimmelreiter" beschriebenen Landschaft: See – Vorland – Deich – Marsch – (Warften) – Geest

 Konstruiere das alte und das neue Deichprofil. Soll der neue Deich höher als der alte werden? (88,15ff.; 89,8; 91,4)

◆ **Hinweise** zum Arbeitsbogen

Schauplätze

Die Postkarte zeigt Orte, die so oder ähnlich dem Autor während des Schreibprozesses vor Augen gestanden haben könnten. Die vier fotografierten „Schauplätze" der Novelle suggerieren Realität für das fiktive Novellengeschehen.

 Suche dir aus dem „Schimmelreiter" Textstellen, die du für „postkartentaugliche" Motive hältst (Esche, Friesenhaus, Watt, Nordsee, Möwen ...)

 Entwirf einen Brief an einen Verleger (Zeitung, Postkarten, Bildbände, ...), in dem du Vorschläge machst für ein Projekt „Der fotografierte Schimmelreiter".

 Stelle Szenen aus dem „Schimmelreiter" in der Art eines Fotoromans nach (Kostüme und Schminke fördern die Illusion). Fotografiere Menschen und Szenen.

 Ein Urlauber aus ... liest den „Schimmelreiter" vor Ort und schreibt unmittelbar danach eine Postkarte über seine Leseeindrücke an ...

 Verfasse eine Postkarte an ..., in der du die Schauplätze der Postkarte näher beschreibst.

 **Die vier Fotografien „vermarkten" den „Schimmelreiter".
Stell dir vor, eine nordfriesische Urlaubsregion will die Bekanntheit der Novelle für ihre Zwecke nutzen. Entwirf Ideen für einen „Schimmelreiter-Tourismus".**

 Die Post könnte mit einer Briefmarkenserie deutsche Weltliteratur ehren. Welche Gründe sprechen für ein Schimmelreiter-Motiv?

 Entwirf dieses Motiv.

Literatur-Kartei: **„Der Schimmelreiter"**

◆ **Hinweise** zum Arbeitsbogen
Spuk-Bilder

Storms Novelle lässt eine gekonnte Schwebe zwischen Spuk und Realität entstehen. Der Schulmeister aus der Rahmenerzählung behauptet:
„[...] einen tüchtigen Kerl, nur weil er uns um Kopfeslänge überwachsen war, zum Spuk und Nachtgespenst zu machen – das geht noch alle Tage." (145,4)

Bei vielen Menschen besteht offenbar eine große Bereitschaft zu phantastischer Einbildung. Viele Schüler bestätigen das. Sie wollen so gerne an etwas glauben, was über die „widerliche Wirklichkeit" hinausgeht. Genährt wird dieser Glaube an übernatürliche Erscheinungen auch durch aktuelle und beliebte Fernsehsendungen (Beispiel: Akte X).

In diesem Arbeitsbogen wird dargestellt, was im Schimmelreiter Schrecken auslöst. Das kann verbal oder durch Bilder geschehen.

 Suche die entsprechenden Textstellen und schreibe sie (verkürzt) ab / schreibe sie in eigenen Worten auf / kommentiere sie / finde eine andere Überschrift.

 Ordne die spukhaften Erscheinungen nach ihrer Wahrscheinlichkeit / ihrer Gewichtigkeit für Hauke, für Trin Jans, für ...

 Gib den Inhalt durch eine Bleistiftzeichnung wieder.

 Finde ähnliche Beispiele aus deinem Erlebnisbereich.

◆ **Hinweise** zum Arbeitsbogen
Gegenstände

Alle hier abgebildeten Gegenstände haben für den Handlungsverlauf im „Schimmelreiter" eine wichtige Bedeutung: der Wasserkessel (56,16), ein Spaten, das Mathematik-Lehrbuch von Euklid, Haukes Reißbrett, der Verlobungsring, die Boßelkugel, der Katzenschemel der alten Trin Jans und eine Karre zum Transport der Kleierde.

 Die Schüler schreiben einen Kommentar über die Rolle der abgebildeten Gegenstände. Der Lehnstuhl z.B. verbindet alle drei Erzähl-Ebenen der Novelle miteinander. In einem solchen Möbel sitzt schon die alte Frau Senator Feddersen, als der junge Storm die Geschichte vom gespenstigen Reiter in Pappes Lesefrüchten liest. Auch der Ich-Erzähler der Rahmenerzählung II fühlt sich offensichtlich wohl im Ohrenlehnstuhl des Schulmeisters (56,23f.). In der Binnenerzählung nehmen sowohl der alte Deichgraf Tede Volkerts als auch sein Nachfolger Hauke Haien darin Platz.

 Die Schüler finden weitere Gegenstände, die für den Handlungsverlauf wichtig sind.

 Eine kreative Aufgabe: Schreibe aus der Perspektive handelnder Figuren „Liebes- oder Kriegserklärungen" an die einzelnen Gegenstände.

Literatur-Kartei:
„Der Schimmelreiter" 25

♦ **Hinweise** zum Arbeitsbogen

Lokalnachrichten

Der Arbeitsbogen bietet eine Sammlung von Artikeln aus einer fiktiven Regionalzeitung an. Zum Teil werden auch bruchstückhafte Inhalte mitgeteilt.

 Denke dir mögliche Namen für eine Regionalzeitung aus.

 Im Stil von Zeitungsberichten sollen einzelne wichtige Episoden wiedergegeben werden.

✤ Die acht Überschriften beziehen sich auf wichtige Passagen des Schimmelreiters:

- Angorakater erwürgt! (18,3–22,24);
- Hauke Haien warf die Holzkugel am weitesten (40,29–45,24);
- Hauke Haien neuer Deichgraf (63,3–66,5);
- Bedenken gegen neue Deichbaupläne (88,5–92,14);
- Jewe Manners gestorben (Eine Art Nachruf wird sich auf verschiedene Textstellen beziehen, in denen Jewe Manners eine Rolle spielt);
- Neuer Deich fast fertig: Zwischenfall ... (104,18–108,19);
- Neuer Deich eingeweiht (108,32–109,32);
- Familientragödie am alten Deich (141,4–144,4).

 Ordne die Überschriften nach ihrer zeitlichen Abfolge.

 Finde eigene Schlagzeilen.

✤ Die Zeitungsmeldungen könnten auch schriftliche Reaktionen hervorrufen. (Kommentar, Leserbrief u. Ä. Ole Peters z.B. könnte auf den hier abgedruckten „Hintergrundbericht" mit einem Leserbrief reagieren.)

Deichbruch beim Hauke-Haien-Koog

Deichgraf und seine Familie starben bei Deichbruch in vorletzter Nacht

Ein schweres Unwetter führte dazu, dass ein alter Deich nahe dem vor drei Jahren eingeweihten Hauke-Haien-Koog vorletzte Nacht brach. Der zuständige Deichgraf Hauke Haien fiel mit seiner Familie dieser Katastrophe zum Opfer. Die Sachschäden in der Gemeinde waren gering, da jedes Haus auf einer Warft liegt. Nach Angaben des Oberdeichgrafen war Hauke Haien ein sehr zuverlässiger Deichgraf. Warum also konnte ein Deich in dieser Gemeinde brechen? Ole Peters, einer der Gevollmächtigten, erklärt sich dies so: „Hauke Haien achtete vornehmlich auf seinen neuen Deich. Den alten vernachlässigte er, wobei dieser es am nötigsten hatte. Mäuse hatten ihn völlig durchlöchert." Das ergab auch unsere Nachforschung.

Aber es gibt noch andere Ursachen für den Deichbruch. Denn kurz vor der Katastrophe versuchte man, den neuen Deich zu durchstechen. Der „Hauke-Haien-Koog" sollte die Wassermassen aufnehmen und so den alten Deich retten. Dies geschah aber nicht in Hauke Haiens Auftrag, sondern in dem von Ole Peters. So wurde der alte Deich nicht überwacht. Hauke Haien bemerkte bei seinem nächtlichen Kontrollritt das Versäumnis. Als er die Arbeiter zur Rede stellte, traf die Meldung ein, dass soeben der alte Deich gebrochen war.

Hauke Haien ritt sofort zu der Stelle, an der der Bruch sein sollte. Er begab sich in große Gefahr. Unter ihm drückte das Wasser, so dass der Deich, auf dem sich Hauke Haien mit seinem Pferd bewegte, langsam in sich zusammenbrach. Er konnte noch sehen, wie seine Frau Elke mit dem Kind zu ihm kommen wollte. Doch die Wassermassen erfassten sie. Auch Hauke Haien fiel wenig später der Sturmflut zum Opfer, als der Deich nicht mehr standhielt. Dieser Vorfall hat Nordfriesland schwer getroffen. Die Regierenden sprechen davon, das Deichgrafenamt neu zu überdenken.

◆ **Hinweise** zum Arbeitsbogen
Tagebuchnotizen

Im Schimmelreiter taucht an verschiedenen Stellen (z.B. 38,23; 62,21; 131,22) der Pastor auf. Seine Tagebuchnotizen setzen sich mit der dörflichen Umwelt auseinander (Konventikelwesen, Wut der Einwohner auf Hauke u. Ä.). Sie schildern auch seine gedankliche Vorbereitung auf die Weihnachtspredigt. Sie könnten kurze Zeit nach dem Tod der Deichgrafenfamilie geschrieben sein.

Die Tagebuchnotizen laden dazu ein, den Ursachen des Deichfiaskos nachzuspüren. Das Beispiel der gebrochenen und schuldig gewordenen „Faust"-Gestalt Hauke Haien wirft Fragen auf:

 Wie kommen Menschen in eine solche Lage? Welche Verletzungen, welche Ängste haben dazu geführt? War der Tod Haukes unausweichlich? Hat er sich wirklich geopfert?

 Kommentiere die Gedanken des Schreibers (Zustimmung, Ablehnung, Ergänzung).

 Schreibe
– diese Tagebuch-Seite so, wie *du* sie zu Papier bringen würdest.
– die nächste Seite des Tagebuchs.
– eine Tagebuchseite des Pastors über andere Ereignisse des „Schimmelreiters".

 **Formuliere einen Abschnitt der Predigt, die der Pastor zu Weihnachten hält.
Sie soll sich auf die Geschehnisse um Hauke Haien beziehen.**

 Nimm an, das Tagebuch verriete auch interessante Einzelheiten, die im „Schimmelreiter" ausgelassen sind:
– Die Umstände des Todes von Jens Jans im Priel
– Wie es zur Hochzeit zwischen Vollina Harders und Ole Peters kam
– Der Tod von Haukes Mutter
Welche Ideen fallen dir dazu ein?

 **Schreibe einen der Dialoge, die nach dem Tod der Deichgrafenfamilie möglicherweise geführt wurden.
Zwischen**

     Karsten – Iven
     Ole – Pastor
    Oberdeichgraf – Deichgevollmächtigte
  Vollina Peters, geb. Harders – Frau des Pastors
  Bauer aus dem neuen Koog – Bauer aus dem verwüsteten alten Koog

  Oder: Jahre später fragt der 12-jährige Sohn seinen Vater Ole Peters:
   „Sag mal, wer war eigentlich Hauke Haien?"

✥ Für diese Aufgabe bietet sich ein Schreibgespräch an: Zwei Schüler schreiben abwechselnd in ein Heft. Dabei wird nur schreibend kommuniziert.

Hinweise zum Arbeitsbogen

Ja, wenn...

Die Schüler sind mit diesem Arbeitsbogen eingeladen, sich in die Situation des Autors Storm hineinzuversetzen, der ein plausibles Erzählgeflecht gestalten will. Sie beteiligen sich am kreativen Prozess des Autors, interpretieren dabei nicht retro-, sondern quasi „prospektiv" und üben sich in folgerichtigem Denken.

 Vervollständige die angefangenen „Ja, wenn – Sätze". (Verwende dabei den Konjunktiv II.)

 Finde andere Lösungen, die den Fortgang der bekannten Handlung ermöglichen.

 Beurteile die Lösungen und stelle Vor- und Nachteile heraus.

❖ Dass die Ereignisse in der Novelle nicht „zufällig", sondern nach der Entscheidung des Schreibers gestaltet sind, könnte vorab an einem Beispiel gezeigt werden:

Storm lässt den dicken Niß Alkohol trinken.
Folge: Hauke kommt als Kleinknecht an den Hof des Deichgrafen. Welche anderen Möglichkeiten gäbe es für Hauke, diese Stellung zu bekommen?

a) Der dicke Niß bewirbt sich weg auf eine andere Stelle.

b) Der Schulmeister stirbt, und der Deichgraf benötigt unbedingt einen guten Rechner.

c) Trin Jans, die früher mal auf dem Hof beschäftigt war, hat noch immer eine gute Beziehung zum Deichgrafen und empfiehlt Hauke.

d) Der Deichgraf erbt viel Land und benötigt einen zweiten Kleinknecht.

e) ...

❖ Die Lehrkraft kann auf weitere Schlüsselstellen der Novelle verweisen:
Nur scheinbar zufällig ...

– erlegt Hauke einen Eisvogel, der den Kater besonders reizt (18,25ff.)
– steht Elke vor der Tür und bewundert den Sonnenuntergang (25,16ff.)
– wird Hauke beim ersten Wurf mit der Boßel von der Sonne geblendet (41,35ff.)
– wird Ole Peters eines Tages durch eine Erbschaft ein reicher Bauer (57,16ff.)
– guckt der Schimmel des Slowaken Hauke so bittend an, als er vorbeikommt (83,34ff.)
– wirft der Schimmel den Knecht John ab, als er ihn zur Fenne reiten soll (86,4ff.)
– wird Elke wieder gesund, nachdem Hauke sein Gebet gesprochen hat (100,25ff.)

 Beurteile diese Schlüsselstellen nach ihrer Bedeutung. Beschreibe die Folgen für den Fortgang der Handlung.

◆ **Hinweise** zum Arbeitsbogen

Erlkönig und Schimmelreiter

Die verblüffenden Parallelen zwischen der Ballade und der Episode „Hauke und Wienke beim Ausritt" (115,30ff.) können durch Textgegenüberstellung deutlich werden.

 Schreibe Textstellen aus dem „Schimmelreiter" heraus, die zu den einzelnen Erlkönig-Versen passen.

 Forme den „Schimmelreiter" in eine Ballade um. Auch ungereimte Zeilen sind möglich!

Wer reitet so spät wohl übern Deich?
Der Schimmelreiter totenbleich.
Er hat den Teufel unter sich.
Wie sieht er aus? Ganz fürchterlich!

(Schülerbeispiel)

*Lit.: Widmann, Helga:
Erlkönig und Schimmelreiter.
In: Diskussion Deutsch 97/1987,
S. 516-523.*

◆ **Hinweise** zum Arbeitsbogen

Brief an eine Freundin

Eine (namenlose) Freundin Elkes wird S. 48,1 erwähnt.

 Versetze dich in Elkes Situation kurz nach der Verlobung. Setze den angefangenen Brief fort.
Gelingt der Brief, wird er die Stationen der Beziehung (erste Begegnung, Kennenlernen usw.) zwischen Elke und Hauke darstellen und wichtige Fragen klären: Gibt es in ihrer Beziehung eine wirkliche Zuneigung, eine echte Liebe? Geht es um eine Zweckehe?

Er zog mir zaghaft einen Ring über den Finger und fragte zitternd, ob ich ihn behalten würde. Nachdem ich mich von dieser Überraschung erholt hatte, versprach ich ihm, dass er ihn auf Lebenszeit nie zurück bekommen würde. Doch wir beschlossen, unser Versprechen vorerst für uns zu behalten, denn ich will meinen Vater im Moment nicht unnötig belasten; wie Du weißt, geht es ihm sehr schlecht und auch wenn ich es nicht gerne in Worte fasse, so fürchte ich, er wird es nicht mehr lange machen! Allerdings glaube ich, dass er Hauke genau wie ich ins Herz geschlossen hat und er uns seinen Segen geben würde!
Du glaubst gar nicht, wie sehr mich all diese Ereignisse verwirren, ...

✤ Möglicherweise findet dieser Brief seine Fortsetzung; z.B. in einer Antwort der Brieffreundin oder in einem Folgebrief:
Elke könnte nach vielen Jahren wieder einmal an die imaginäre Sophie schreiben, vielleicht nach der Geburt ihrer Tochter und womöglich über ihre unerfüllte, gefährdete Liebe oder von Haukes Schwierigkeiten dem anderen Geschlecht, überhaupt anderen Menschen, besonders dem Personal gegenüber.

 Begründe, warum das Strickzeug symbolhaft für Elkes Leben ist.

 Beschreibe oder zeichne noch andere Gegenstände, die symbolhaft für sie sind.

# Hinweise zum Arbeitsbogen
Lücken

Die hier aufgeführten Lücken im Gang der Handlung können die Schüler schließen. Wenn sie dies im Stile Storms tun, wird die Aufgabe schwieriger, aber auch reizvoller.

Es gibt noch mehr anregende Leerstellen, die zu einer Schreibaufgabe motivieren können:

 Schreibe auf,
– wie die abergläubische Wirtschafterin des Deichgrafen die Schimmelreiter-Geschichte verändern würde. (8,18)

– was der alte Kapitän wahrscheinlich von den furchtbaren norwegischen Seegespenstern erzählt hat. (16,6)

– wie der Junge auf dem Deichgrafenhof kündigt und mit seiner Geschichte vom Teufelspferd viel Aufmerksamkeit findet. (87,31)

– wie das Deichopfer (105,35), das Hauke so in Wut gebracht hat, aus der Perspektive einer Nebenfigur erzählt wird, z.B. aus der Sicht des Ungenannten, der den kleinen Hund ins Wasser warf.

– wie ein Aberglaube entstehen könnte. Überlege dazu, woher schon die Großväter wussten, dass etwas Lebendiges in den Deich muss. (107,10)

– was Trin Jans vielleicht von der Wasserfrau erzählt hätte (119,19ff.), wenn sie nicht von Hauke Haien unterbrochen worden wäre.

„Konnte sie beten?" fragte Wienke.
„Wasserfrauen können nicht beten", sagte Trin Jans. „Sie war nun in den Gräben der Marsch gefangen und konnte nicht wieder in die See, wo sie wohnte. Sie klatschte mit ihren Flossen aneinander – Hände hatte sie ja nicht – das war kein Beten, sie hoffte ihr Vater, der Seekönig, würde sie hören und ihr helfen. Aber es dauerte mehrere Tage, bis etwas geschah. Eines Abends zog ein fürchterlicher Sturm auf, wie man ihn noch nie an der Westküste erlebt hatte.
Riesige Wellen schlugen an den Deich, dazu brüllte und tobte der Sturm, als wäre da ein Wesen höchster Wut. Die Leute kriegten so viel Angst, dass alle auf die Geest flohen. Und die Deiche brachen, die Nordsee kam der Wasserfrau zu Hilfe, und der Seekönig hatte seine Tochter wieder.

Das Wasserweib schwamm hilflos und verzweifelt in den Gräben der Marsch herum. Keiner kümmerte sich um sie. Aber ein Kleinknecht Jörn Petersen hatte keine Angst. Er streifte nach Feierabend durch die Fennen, guckte in jedes Schilfgebiet hinein und beobachtete die Wehle, bis er sie eines Tages hilflos am Rande eines kleinen Röhrichts fand. Er schaffte es, dass sie Vertrauen zu ihm bekam, hat ihm wohl auch für die Hilfe viel Geld und Bernsteine versprochen. Genau weiss man nicht, was passiert ist. Wahrscheinlich hat er sie mit seiner großen Schubkarre zur Schleuse am Deich gefahren und ihr so eine Rückkehr ermöglicht. Jörn hat nie darüber gesprochen, aber es war auffällig, dass er sich nach Jahren einen Hof mit 30 Demat Land kaufen konnte. Seine Frau trug die schönste Bernsteinkette, die man je gesehen hat.

 (Schülerbeispiele)

 Schreibe eine Antwort auf die Fragen, die für Hauke unbeantwortet blieben (143,3).

Literatur-Kartei:
„Der **Schimmelreiter**"

Hinweise zum Arbeitsbogen

Ein wichtiges Gespräch

Hauke und Elke verbindet am Anfang eine tiefe Zuneigung. Viele Jahre harter Arbeit scheinen an der Gemeinsamkeit der beiden zu zehren. Kommt Hauke nachts müde nach Hause, stellt seine Frau sich schlafend (73,9ff.) oder schläft fest (93,17ff.). Ist es der Kummer über die vielen Jahren der Kinderlosigkeit? Sicherlich kommt der Schmerz über Wienkes Behinderung dazu, über die lange Zeit nicht gesprochen wird.

Der Schulmeister und Trin Jans sagen übereinstimmend: Der Herrgott bestraft und belastet sie mit dem behinderten Kind (16,23; 114,2).

 **Der Arbeitsbogen legt nahe, dass in dem dramatischen Dialog zwischen Hauke und Elke über ihr behindertes Kind noch etwas ungesagt bleibt, was die Schüler ergänzen können.
Hilfreich sind schriftliche Anmerkungen auf die *Sprech*weise.**

✢ Das Gespräch kann auch fortgesetzt werden:
Kann sich Elke zufrieden geben mit Haukes Antwort auf ihre Frage nach dem möglichen eigenen Verschulden? (118,15)

✢ Methodisch bietet sich das Schreibgespräch an: Die beiden Schreiber vereinbaren eine Zeit, während der sie nur schriftlich kommunizieren.

 Häufig haben Schüler auch Interesse, ihren Dialog in Szene zu setzen, wenn die Themen sie motivieren.

✢ Weitere Ideen für (fiktive) Gespräche:

Nr.:	Motivierendes Grundthema:	Textstelle:	Bemerkung:
1	Wie geht mein Vater mit mir um?	Hauke und sein Vater führen ein Gespräch, während sie zum Deichgrafen gehen.	nach (26,14)
2	Ich fühle mich gekränkt, verletzt und möchte mich beschweren…	Jemand, dem in Deichsachen auf die „Finger geklopft" worden ist, beklagt sich bei Ole Peters.	nach (34,22)
3	Ich bin neidisch auf den Erfolg von …	Kurz nach der Wahl des Deichgrafen reden Ole Peters und seine Frau miteinander.	nach (66,6)
4	Ich habe mich gegen alle anderen gestellt …	Hauke fragt den Freund von Jewe Manners nach seiner Meinung. Es geht um den geretteten kleinen Hund.	nach (108,20)
5	Ich bin solidarisch mit meinem Partner/meiner Partnerin …	Elke tröstet die Magd, die von Hauke besonders hart angefahren worden ist.	vor (102,8)
6	Ich gehe tolerant mit Menschen um, die besondere Überzeugungen haben (Sekten) …	Hauke unterhält sich mit dem Pantoffelmacher über dessen Glauben. (Auch der Pastor könnte das Gespräch führen.)	nach (99,29)
7	Ich spotte über Autoritäten, „lästere über andere" …	Tede Haien macht sich über den alten Deichgrafen Tede Volkerts lustig.	nach (23,24)
8	?	?	?

 Suche selbst andere Themenbereiche oder andere Personen für ein Gespräch.

Literatur-Kartei: „**Der Schimmelreiter**"

◆ **Hinweise** zum Arbeitsbogen
Mit meinen Worten

Der Arbeitsbogen stellt Aussagen der „klugen" Elke zusammen.

 Gib das fett Gedruckte in eigenen Worten wieder. Das Ergebnis kann auch länger sein als die Vorlage.

Die Paraphrase ist für Schüler gedacht, die das Interpretieren gezielt üben sollen. Die Schüler sollten zu individuell interpretierenden Äußerungen ermutigt werden, so dass ein großes Aussagenspektrum innerhalb der Lerngruppe entstehen kann.
Richtlinie könnte sein: „Jede Lösung, die begründet wird, ist auch akzeptabel."

✣ Diese Aufgabe sollte durch ein vorbereitendes und auswertendes Unterrichtsgespräch ergänzt werden.

Weitere Anregungen:

 Die Schüler formulieren eine Antwort an Elke, wenn es möglich ist.

 Vielleicht kann sich daran eine Diskussion über Storms Frauenbild anschließen.

◆ **Hinweise** zum Arbeitsbogen
Sagen und Denken

Am Beispiel der Episode, in der Hauke Haien den Schimmel mit nach Hause bringt (81,19ff.), sollen die Schüler lernen, etwas Gesagtes durch Gedachtes zu ergänzen.

 Füge in Sprechblasen ein, was die jeweiligen Sprecher denken könnten.

Als jetzt der Dienstjunge um die Hausecke kam, blieb er plötzlich mit erschrocknen Augen stehen. „Nun, Carsten", rief der Deichgraf, „was fährt dir in die Knochen? Gefällt dir mein Schimmel nicht?" „Ja – oh ja, uns' Wert, warum denn nicht!" „So bring die Tiere in den Stall, gib ihnen kein Futter; ich komme gleich selber hin." (S. 81 f.)

> Was hat Carsten denn? Er sieht aus als wäre ihm ein Gespenst begegnet. — Hauke

> Oh Gott, das ist der Schimmel von Jeverssand. Wie kommt unser Deichgraf denn zu diesem Teufelspferd? — Carsten

✣ Die Darstellung äußerer und innerer Handlung ist auch in szenischer Form möglich. Die jeweiligen Rollenträger bekommen „Schattenfiguren", die Gedachtes aussprechen.

Literatur-Kartei: „**Der Schimmelreiter**"

◆ **Hinweise** zum Arbeitsbogen
Aber-Glauben

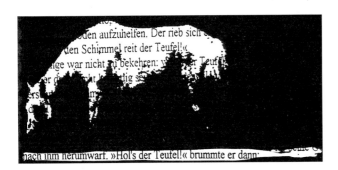

Die dichterische Kraft Storms hat den „Schimmelreiter" mit einem feinen Gespinst des Aberglaubens durchwoben, manchmal so kunstvoll angelegt, dass der Leser es nicht wahrnimmt, wohl aber seine Wirkung spürt.

Storm nimmt dem Leser die Entscheidung zwischen Realität und Phantasie nicht ab, doch wer genau zu lesen weiß, kann beides erfolgreich voneinander trennen. Das will dieser Arbeitsbogen erreichen.

 Vervollständige die Sätze in der rechten Spalte!

◆ **Hinweise** zum Arbeitsbogen
Eine Quelle zum Schimmelreiter

Wie Storm in der Novelle (fiktiv?) berichtet, hat er als Knabe in einer Zeitschrift im Hause seiner Urgroßmutter gelesen. Es handelte sich um die verschollene Geschichte vom gespenstigen Reiter aus »Pappes Hamburger Lesefrüchten«. Sie erschien ursprünglich 1838 im „Danziger Dampfboot".

Diese Wiedergängersage aus dem Weichselraum versetzte Storm nach Nordfriesland, wo das Erzählmotiv bis dahin völlig unbekannt war.
Auf dem Arbeitsbogen sind die Rahmenerzählungen I und II gekürzt dargestellt, nur der Text der Kernerzählung ist originalgetreu.

 Auch ein Dichter nimmt sich das Recht, Vorlagen zu nutzen und sie zu verändern. Vergleiche Quelle und Bearbeitung unter verschiedenen Gesichtspunkten:
Titel, Personen, Handlungsort(e), Erzählzeit / erzählte Zeit, Jahres- und Tageszeit, Erzählstruktur, Textlänge und Erzählperspektive.

❖ Im Anhang ist auf andere Quellen zum „Schimmelreiter" hingewiesen.

Weitere Arbeitsvorschläge:

 Skizziere die in der Quelle beschriebenen Vorgänge.

 Setze die Kernerzählung in eine kleine Comic-Serie um.

 Bei einigen Wörtern hat sich die Rechtschreibung geändert! Schreibe aus dem zitierten Text mindestens 5 Beispiele heraus.

 Zeile 4: „... eine Stopfung des Eises, ..."
Wir drücken uns heute anders aus.
Suche dir 5 Beispiele für den altertümlichen Sprachgebrauch heraus und verändere sie.

Literatur-Kartei:
„Der Schimmelreiter"

Hinweise zum Arbeitsbogen
Sprach-Bilder

Der sprachliche Reichtum der Novelle zeigt sich auch in der Vielzahl der Vergleiche und Metaphern. Besonders die heimatliche Meereslandschaft, deren elementaren Kräften der Held schließlich erliegt, wird mit überwältigenden Sprachbildern gezeichnet: „Mit weißen Kronen kamen sie daher, heulend, als sei in ihnen der Schrei alles furchtbaren Raubgetiers der Wildnis." (137, 20f)

Beim vorliegenden Arbeitsbogen sollen die Schüler einige besonders bildkräftige Metaphern aus dem „Schimmelreiter" heraussuchen: die Wasserwüste (12,3), die beißenden Wasser (12,20), den dunklen Engel des Herrn (52,8), das Strahlenmeer (100,33), das gespenstische neue Bett des Prieles (128,22), Berge von Wasser (137,16) und den Wolkenmantel (142,4).
Systematisierende Übungen schärfen den Blick für das, was Vergleich und Metapher sprachlich leisten.

 Die Schüler suchen Zitate heraus, die Vergleiche enthalten, und formen den Vergleich zu einer Metapher um:

Fund-stelle	Zitat:	Vergleich:	Mögliche Metapher:
84,21	Der Pferdehändler hat eine Hand fast wie eine Klaue	Hand wie eine Klaue	Klauenhand

 Suche weitere Zitate, in denen metaphorisch von Wasser, Wind und Meer gesprochen wird. (Beispiele: 12,5; 13,31; 69,21; 73,22; 105,18; 105,23; 108,33; 137,11).

 Zeichne/Skizziere Metaphern.

 Bearbeite die Metaphern nach folgendem Muster:

Fund-stelle	(bearbeitetes) Zitat:	reales Geschehen:	Leistung der Metapher:
137,20	Das Meer ist ein furchtbares Raubgetier.	Durch Wasser verunglücken Menschen.	Der Mensch fällt dem Meer zum Opfer. Er ist hilflos wie beim Angriff eines gewaltigen Raubtiers.

◆ **Hinweise** zum Arbeitsbogen

Struktur der Novelle

Storm hat einen für jugendliche Leser nur schwer erkennbaren Aufbau gewählt: Es gibt drei Erzählebenen, die zum Teil ineinander verschränkt sind:

```
Rahmenerzählung I
Rahmenerzählung II
Binnenerzählung
```

Auf diesem Arbeitsbogen werden die verschiedenen Erzählschichten veranschaulicht, die Zäsuren und deren Funktion verdeutlicht. In mündlicher Arbeit ist zunächst zu klären, wie die Übergänge zwischen den verschiedenen Erzählschichten zu identifizieren sind.

 Die Schüler können die Strukturskizze mit Zeilenangaben, Symbolen, Stichwörtern oder Überschriften versehen, um sich den Aufbau der Novelle deutlich zu machen.

❖ Ein vertiefendes Unterrichtsgespräch klärt, wie die Erzählschichten zusammenwirken.
Wir begegnen im Schulmeister einem (nicht mit Storm identischen) kommentierenden Erzähler, der das Geschehen als Parabel der Aufklärung darbietet: Der Vernunftmensch Hauke Haien kämpft gegen die Unmündigkeit seiner Mitmenschen, die ihn posthum als Spukgestalt dämonisieren.
Stellt der Schulmeister mit seiner Erzählweise einen Gewaltmenschen in ein besonders günstiges Licht? Das Verständnis für die Struktur der Novelle kann dann auch durch produktive Aufgaben gefördert werden, z.B. wenn die Schüler Rahmen- und Binnenerzählung entflechten.

 Lies die Elemente der Rahmenerzählung II (Der Ritt auf dem Deich – Das Gespräch mit dem Schulmeister usw.) Gestalte daraus eine fortlaufende Geschichte, die etwa 150 Wörter umfasst.

 Ersetze den Schulmeister durch eine Frau als Erzählerin, z.B. durch die (in 8,18 erwähnte) Antje Vollmers.

◆ **Hinweise** zum Arbeitsbogen

Ein langer Satz

Dieses Satzungeheuer von 143 Wörtern (93,19-94,2) wirft Fragen auf:
Warum darf der Dichter eigentlich so lange Sätze schreiben?
Welche Ziele verfolgt er damit? Was bewirkt die Länge eines Satzes beim Leser, welche Bedeutung schafft sie?
Wenn die Schüler den gesamten Satz in mehrere kürzere zerlegen, werden sie leichter eine Antwort finden.

Weitere Anregungen:

 Lasse alles weg, was keine (wichtigen) Informationen enthält.

 Schreibe selbst einen umfangreichen Satz für etwas, was im „Schimmelreiter" lange dauert: z. B. die Arbeiten am neuen Deich oder ein langer Abend, an dem Elke auf ihren Mann wartet.

 Erzähle die „Schimmelreiter"-Geschichte in einem langen Satz.

 Verwandle die indirekte Rede in direkte, und gestalte den Satz zu einem Hörspiel um.

 **Lies diesen und andere lange Sätze (z.B. S. 127, 33ff.) laut vor. Wähle für das Vorlesen eine Hintergrundmusik aus. Sprecht darüber, was die jeweilige Musik mit dem Text macht.
Das Vorlesen und gerade auch die Schwierigkeiten damit geben Hinweise auf Stilbesonderheiten im „Schimmelreiter".**

Lit.: Menzel, Wolfgang: Die unwiderstehliche Macht der Sätze. Lange Sätze bei Dürrenmatt und anderen. In: Praxis Deutsch 90/1988, S.58-60.

Literatur-Kartei:
„**Der Schimmelreiter**"

Hinweise zum Arbeitsbogen

Was passt zur Person?

Dieser Arbeitsbogen versucht in spielerischer Form, die subjektiven Eindrücke der Lektüre festzuhalten, die sich in individuellen Bildern realisieren lassen.

Es geht um eine Interpretationsmöglichkeit, die auch einem Laien zugänglich ist und die wertvolle metaphorische Aussagen produzieren kann:

 „Was passt zu den einzelnen Personen der Novelle?
Wenn Hauke ein Tier/eine Pflanze/ein Kleidungsstück usw. wäre, was wäre er denn dann? Welches Kleidungsstück passt zu ihm?"
Die Schülerbeiträge bringen viel Spaß, weil hier die Kreativität angesprochen wird und es nur richtige Lösungen gibt.
Es ist nicht wichtig, wieviel Zustimmung die Metaphern finden.

 Ein Vergleich der einzelnen Ergebnisse und ihre Begründungen schaffen interessante Gesprächsanlässe.

 Sinnvoll ist auch eine Gruppenaufgabe: Einigt euch in der (Klein-) Gruppe auf drei treffende Zuschreibungen.

 Die Darbietung in verrätselter Form ist besonders reizvoll:
Ein Schüler geht hinaus. Die Gruppe einigt sich, welche Person geraten werden soll. Die Metaphern der einzelnen Kategorien werden reihum so lange vorgelesen, bis die richtige Antwort gefunden wird.

	Tier	Pflanze	Lied, Musik	Kleidung	Farbe	Wetter
? *	Kater	Verwelkte Blume	Alle meine Entchen	langer Rock	schwarz	Winterwetter
?	Schimmel	...	...	Mantel	...	...

* Erwartete Antwort: Trin Jans

 Hinweise zum Arbeitsbogen

Todesanzeigen

In Todesanzeigen und Nachrufen kann deutlich werden, was die Leute am Deichgrafen und am Menschen Hauke Haien und seiner Familie verloren haben.

 Gestalte eine Todesanzeige für Hauke Haien (und seine Familie).

✣ Eine Todesanzeige aufgeben könnten z.B. das Deichgrafenamt, der Oberdeichgraf, die Nachbarn, die Gemeinde oder die Angestellten des Deichgrafenhofs.

✣ Möglich ist hier eine Erweiterung auf andere Familienanzeigen (Hochzeit von Ole und Vollina, Hauke und Elke, Geburtsanzeige Wienke).

◆ **Hinweise** zum Arbeitsbogen

Kummerbriefe

Ich wünsche mir mehr als alles andere ein Kind. Aber ich bin nicht sicher, wie es aufwachsen würde. Mein Mann ist so gut wie nie zu Hause und hat kaum Zeit für mich. Wie wird es erst sein, wenn wir ein Kind haben? Es könnte sich natürlich so entwickeln, dass er öfter zuhause bleibt, sich mehr um uns kümmert und ein richtiger Familienvater wird. Aber es könnte auch so kommen, dass sich überhaupt nichts ändert und er vielleicht sogar noch weniger da ist. Am Ende hat er gar kein Interesse an dem Kind. Vielleicht mag er überhaupt keine Kinder.

Kummerbriefe zu verfassen dient der Entfaltung innerer Aktivität und ermöglicht, eine Lektüre mit dem inneren Auge zu schauen. Kummerbriefe sind auch eine Chance, über eigene Probleme zu sprechen, ohne persönlich werden zu müssen.

 Vervollständige einen der Kummerbriefe des Arbeitsbogens.

✥ Vermutlich sind in alter Zeit eher Freunde, Pastoren oder alte, lebenskluge Menschen Adressaten solcher Kummerbriefe gewesen. Heute ist diese Textsorte vielen Schülern aus der BRAVO oder anderen Illustrierten geläufig.

✥ Themen für weitere Kummerbriefe, die von Schülern vorgeschlagen wurden:

Hauke: Ich habe ein behindertes Kind.

Hauke: Ich vereinsame innerlich immer mehr.

Hauke: Meine Frau ist schwer krank, ich fühle mich hilflos.

Elke: Wir haben ein behindertes Kind. Wie kann ich mit meinem Mann darüber reden?

Literatur-Kartei: „**Der Schimmelreiter**"

◆ **Hinweise** zum Arbeitsbogen

Interview

 Beantworte anstelle von Hauke die Fragen des Zeitungsinterviews.

Die Antworten könnten sich auf folgende Textstellen beziehen:
Fragen 2 und 3: S.111; Frage 4: Seite 110;
Frage 5 z.B. S.73,1 und S.74,4; Frage 6: Seite 124.

 Lasse Haukes Antworten von Elke kommentieren.

 Finde verschiedene Namen für die Zeitung, in der das Interview erscheint.

 Gestalte aus dem Interview ein Rollenspiel.

 Vergleiche die Rolle Haukes mit der eines Deichgrafen unserer Zeit.

❖ Weitere mögliche Fragen:
Welche Eigenschaften braucht eigentlich ein guter Deichgraf? Worum bitten Sie die Bewohner des Kooges? Sind unsere Deiche wirklich sturmflutsicher?

❖ Wer seinen Schülern mehr journalistische Freiheiten zutraut, wird es bei Stichwörtern zu Fragen belassen, die der Journalist zu stellen beabsichtigt: Gerede/Gerüchte über die Wahl des Deichgrafen? Erste Erfahrungen als Deichgraf? Dringende Aufgaben? Zukünftige größere Projekte? Neue Deichlinie: ungeheure Kosten/Widerstand gegen aufgebürdete Arbeitsleistungen.

Deichgraf – ein Titel, der adelt
Deichgraf 2000

Das Bild vom Deichgrafen lebt von dem Mythos, den Theodor Storm mit der Titelfigur seiner Novelle geschaffen hat. Die Realität der Gegenwart sieht allerdings völlig anders aus: Entscheidungen über den Küstenschutz fallen heute nicht mehr im Haus des Deichgrafen, sondern im schleswig-holsteinischen Landwirtschaftsministerium. In der Verantwortung der Deichgrafen liegen allerdings immer noch die Maßnahmen für die so genannte zweite Deichlinie: die Schutzwälle hinter den eigentlichen Seedeichen, die Speicherbecken, Schleusen und Flussdeiche.

Bis 1971 hatte die „Deichpflicht" der Grundbesitzer gegolten. Seit der Neufassung des Landeswassergesetzes ging die Verantwortung für die Seedeiche an das Land über. Trotzdem: Die Arbeit der Wasser- und Bodenverbände und der Deichgrafen ist für die Bevölkerung natürlich extrem wichtig, denn in den Küstenregionen Schleswig-Holsteins leben sehr viele Menschen unter dem Meeresspiegelniveau. Deshalb ist auch die zweite Deichlinie enorm wichtig.

Der Deichgraf ist heute ein Ehrenamt. So können etwa ehemalige Landwirte, die sich aktiv für den Küstenschutz einsetzen, von den örtlichen Deich- und Sielverbänden zum Deichgrafen gewählt werden. Ein Oberdeichgraf ist im Katastrophenfall zuständig für ca. 40 Kilometer Deichlinie. Bei Sturmflut schickt er so genannte Deichgänger los, die den Zustand des Deiches überprüfen und Schäden sofort melden und sicherstellen, dass sie behoben werden.

◆ **Hinweise** zum Arbeitsbogen

Wie heißt das Buch?

Der Titel eines literarischen Werkes reizt zur Interpretation – und zur Variation.
Ein vorbereitender Arbeitsauftrag könnte lauten:

 Stell dir vor, du hörtest das Wort „Schimmelreiter" zum ersten Mal. Erläutere dein Verständnis des Titels.

 Der „Schimmelreiter" ermöglicht viele Lesarten. Formuliere unterschiedliche Überschriften.

 Probiere die Wirkung einiger Überschriften aus, die du gefunden hast. Frage deine Tischnachbarn, Eltern, Bekannte, Freunde/Freundinnen.

◆ **Hinweise** zum Arbeitsbogen

Umschlagbilder

Es gibt weit über 100 Einzelausgaben des „Schimmelreiters" mit entsprechend vielen Umschlagbildern. Der Arbeitsbogen will zunächst anregen, über die Bedeutung eines Umschlagbildes zu diskutieren, die angebotenen Motive miteinander zu vergleichen, ehe die Schüler ein eigenes Umschlagbild gestalten. Diese Aufgabenstellung kann vielfältig differenziert werden. Sie sollte berücksichtigen, dass eine befriedigende zeichnerische Darstellung von Pferd und Reiter nur wenigen Schülern möglich ist.

 Gestalte ein eigenes Umschlagbild, das
 – allein aus dem Foto- und Text-Angebot einer Illustrierten gebildet wird (z.B. STERN),
 – aus einem mit Schülern gestellten Foto besteht,
 – abstrakt ist (Farben und / oder Strukturen),
 – ausschließlich Schrift enthält.

 Wähle ein „Schimmelreiter"-Motiv vom Arbeitsbogen aus, vervollständige es und gestalte dazu eine passende Umgebung.

Literatur-Kartei: „**Der Schimmelreiter**"

Hinweise zum Arbeitsbogen # Mit dem Schimmelreiter werben

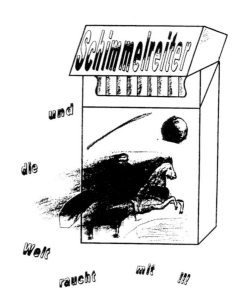

Der Arbeitsbogen will anregen, mit dem Bildsymbol „Schimmelreiter" für verschiedene Produkte zu werben.

 **Eine Werbekampagne wird im ersten Schritt klären, für welche Eigenschaften der „Schimmelreiter" steht, um dann herauszuarbeiten, welche Produkte mit diesem Symbol sinnvollerweise beworben werden können.
Finde durch eine Befragung heraus, ob die Assoziation (Gedankenverbindung) der Verbraucher zum Wort „Schimmelreiter" eher günstig oder ungünstig ist.**

❖ Die folgende Liste könnte eine Anregung sein:

PRODUKTBEWERTUNG:

Nr.:	Produkt	1 sehr günstig	2 günstig	3 mal so, mal so	4 ungünstig	5 sehr ungünstig
1	Tabak					
2	Zigaretten					
3	Bier					
4	Limonade					
5	Selters					
6	Käse					
7	Lebens-Versicherungen					
8	Herrenkleidung					

Ergänze/Verändere die Liste.

❖ Weil der Name „Schimmelreiter" unterschiedliche Gedankenverbindungen hervorruft, muss das Produkt einen Namen haben, der sich gut einprägt.
Eine Werbeaktion in Form von Anzeigen kann eine Werbebotschaft, einen Slogan und eine dazu passende optische Gestaltung entwickeln.

 Das „Schimmelreiter"-Symbol könnte auch andere Kampagnen begleiten für Themen wie: Küstenschutz, Windenergie, sanfter Tourismus, Besuch der Stadt Husum, Wattwanderung, Eindeichung eines neuen Kooges, Gründung einer Arbeitslosen-Initiative.

Literatur-Kartei:
„**Der Schimmelreiter**"

Hinweise zum Arbeitsbogen
(Über-)Leben hinter dem Deich

Wie lebten die Menschen eigentlich zu Zeiten des „Schimmelreiters"?
Der Arbeitsbogen beschreibt das Lebensgefühl der Menschen hinter dem
Deich im Gewand einer fiktiven Geschichte, unter Verwendung sozial- und
kulturgeschichtlicher Quellen.

Lit.: Peters, Dr. L. C.: Nordfriesland. Heimatbuch für die Kreise Husum und Südtondern. (Verlag Bernd Schramm) Neudruck Kiel 1975.

Arbeitsvorschläge:

 Untersuche:
Welche Informationen stammen aus dem „Schimmelreiter"?

 Was meinst du? Stimmt es, dass in Nordfriesland (um 1750) ...

A Verbrecher, die bei der Flucht auf die Deiche entkommen waren und sich dort an der Deicharbeit beteiligten, nicht festgenommen werden durften?

B es außer den beliebten Mehlspeisen auch Kartoffeln gab?

C auf den Dorffesten Menuett getanzt wurde?

D demjenigen harte Strafen drohten, der einen Deich zerstörte oder beschädigte?

E die Kraft des Windes und des fließenden Wassers üblicherweise dem König gehörte?

F auf den fruchtbaren Feldern Frieslands Zuckerrüben angebaut wurden?

G das Vieh auch für Brennstoff sorgte?

H in den Jahren 1721 – 1740 ein Hektar Land 132 Mark, ein kg Butter 0,80 Mark kostete?

I fremde Deicharbeiter oft für höhere Löhne streikten?

J Deiche früher mit einer Bretterwand verstärkt waren, aber schlechter hielten als modernere Deiche, die nur aus Erde bestehen?

K aus Seetorf, den man im Watt fand, Salz hergestellt wurde?

L die Friesen so eine Art Stab-Hoch-Weitsprung kannten?

M es an jedem Tag im Dezember 1748 eine Sturmflut gab?

N die Seeleute von den Halligen und Inseln vom Wehrdienst befreit waren?

O es sich vermutlich um Großvater, Vater und Sohn handelt, wenn drei Personen sich mit folgenden Namen vorstellen: Hans Nielsen, Erik Hansen und Momme Eriksen?

P ein Landbesitzer z. B. 100 Meter des Seedeiches zu pflegen hatte?

Q die Friesen sich im Kampf gegen das Meer immer einig waren?

♦ (Über-)Leben hinter dem Deich

✧ Lösungen:

A	richtig	Die Arbeit am Deich ging vor. Ein Verbrecher, der bei Deicharbeiten half, bekam eine Art Asyl, weil die Reparatur des Deiches lebenswichtig war.
B	falsch	Erst ab ca. 1765 wurde die Kartoffel in ganz Deutschland bekannt.
C	falsch	Menuett wurde in Deutschland erst 1751 zum Gesellschaftstanz. Und der Weg dieses Tanzes in den Norden dauerte noch länger.
D	richtig	Ein Beispiel: 1489 wurde Eiderstedt durch einen Deich mit dem Festland verbunden. Die Nordstrander zerstörten den Deich, weil er die Schiffahrt behinderte. Da wurde ein Amtmann beauftragt, die Übeltäter zu erwischen und sie dann mit Galgen und Rad zu bestrafen.
E	richtig	Niemandes Besitz war Königs Besitz. Was niemandem gehörte, gehörte dem König, so auch die Kraft des Windes und des fließenden Wassers (also die Wind- und Wassermühlen).
F	falsch	Der Zuckergehalt der Rübe wurde erst 1747 entdeckt. Der systematische Anbau der Zuckerrüben erfolgte sehr viel später.
G	richtig	Kuhfladen wurden gesammelt, getrocknet und als Feuerung verwendet. Man verwendete diese „Ditten", weil in der Marsch wenig Holz wuchs.
H	richtig	
I	richtig	Sie waren oft mit ihren Streiks erfolgreich, wenn eine Gefahrensituation bestand. Es könnten die ersten Arbeiterstreiks gewesen sein.
J	richtig	Diese Deiche nannte man Schardeiche oder Stackdeiche, die Bretterwand sollte die Flut abwehren, wurde aber oft unterspült.
K	richtig	Damit konservierte man Fische, Fleisch und Speck.
L	richtig	Noch heute benutzt man einen Klootstock, wenn man über wassergefüllte Gräben springen will. Der Klootstock ist ein ca. 3 m langer Holzstab. An seinem unteren Ende ist ein Holzklotz angebracht, damit er nicht im Schlamm versinkt. Manchmal ist der Schwung zu gering, so dass der Stab in der Mitte stehen bleibt und der Springer zur Freude der Zuschauer ins Wasser fällt.
M	richtig	Alle Halligen wurden während der 31 Flutzeiten jedesmal überschwemmt.
N	richtig	Ein Erlass des dänischen König aus dem Jahr 1748 befreite sie „auf ewige Zeiten" vom Soldatendienst. Die Seeleute sollten damit für das harte Leben auf Inseln und Halligen entlastet werden.
O	richtig	Der Nachname der Kinder wurde vom Vornamen des Vaters abgeleitet. Dazu kommen die Endungen -sen (= Sohn von), -s(is,es), -n (en) oder -ns (-ens).
P	richtig	Die Deiche waren aufgeteilt nach dem Grundbesitz, das kleinste Stück war ungefähr 5 Ruten lang (ungefähr 25 m). Wer die Deichpflege verweigerte, verlor nach dem Spadelandsrecht sein Land und seinen gesamten Besitz. Erst ab 1800 übernahm der Staat die Aufsicht über die Deiche und die Aufgaben wurden gemeinsam erledigt.
Q	falsch	Es gab viel Streit zwischen den Einwohnern der verschiedenen Gemeinden, oft auch Prozesse wegen der Deicharbeit. 1437 kam es sogar zu einer regelrechten Fehde in Eiderstedt, weil die Bewohner der innenliegenden Köge sich nicht an dem Unterhalt des Seedeiches beteiligen wollten. 36 Mann wurden bei dieser blutigen Auseinandersetzung erschlagen.

 Nutze diese Stichwörter aus dem „Schimmelreiter" und stelle Vermutungen an, wie sich die Leute hinter dem Deich (wahrscheinlich) gefühlt haben.

Fundstelle:	Stichwort:	Fundstelle:	Stichwort:
13,5	Kautabak	77,9	Torfringeln
14,10	Unschlittkerze	82,21	Warmbier
19,26	Porrenfangen	86,25	kurze Pfeife
26,26	holländische Schlaguhr	97,12	Knechte, kleine Leute
26,30	Wollenpolster	101,3	seidenes Schnupftuch
23,32	Gansbraten, Met, Weizenkringel	111,5	weißer Klee
25,18	Rüben, Kohl	112,16	Zuckerkistenholz
61,29	Pokal	112,19	Gardinenbett
41,8f.	Pfeifen	117,15ff.	Angst vor der Sturmflut
62,16	weiße Tonpfeifen	125,16	Kartenspiel
62,16	Kaffee	131,22	Pastors Waschbecken
67,7	Lasten	133,33	Wandschrank: Silber
73,11	Wandbetten	136,2	Weg grundlos

Literatur-Kartei: **„Der Schimmelreiter"** 42

Arbeitsbogen
Das Haus

Literatur-Kartei:
„Der **Schimmelreiter**"

Arbeitsbogen
Am Deich

Literatur-Kartei:
„Der Schimmelreiter"

Arbeitsbogen
Am Meer

Literatur-Kartei:
„Der Schimmelreiter"

Arbeitsbogen
Unten und Oben

Literatur-Kartei:
„**Der Schimmelreiter**"

Arbeitsbogen
Ein toter Kater

Literatur-Kartei: „**Der Schimmelreiter**"

Arbeitsbogen

Fragebogen

1 Welchen deiner Sinne schätzt du am meisten? Hören? Riechen? Sehen? Schmecken? Fühlen?

2 Tust du irgendetwas gern, was andere ungewöhnlich finden?

3 Was hast du getan, auf das du so richtig stolz bist?

4 Welches ist das wichtigste Ziel, das du dir für dein Leben gestellt hast?

5 Wann warst du in deinem Leben am allertraurigsten, am stärksten verletzt oder am einsamsten?

6 Wer sind die wichtigsten Menschen in deinem Leben und warum?

7 Gibt es etwas, was du dir selbst zum Vorwurf machst?

Literatur-Kartei:
„Der **Schimmelreiter**"

Arbeitsbogen
Zeitungsausschnitte

Bad Vilbel. Nach dem verheerenden Hochwasser des vergangenen Herbstes sollen nun die Schutzmaßnahmen am Erlenbach endlich begonnen werden. Eine Straße wird verlegt, der Deich erhöht und verstärkt. Ein Hauptgrund für die Unterspülung des alten Deichs waren die Mäuselöcher. Die Nager sollen nun durch regelmäßiges Rasenmähen auf dem Deich bekämpft werden: Dadurch könnten die Raubvögel ihre Beute leichter erkennen und jagen, hieß es.

(23.01.1998)

China. Tausende von Soldaten und Zivilisten haben gestern in der Nähe der Stadt Jujiang versucht, ein Loch im Deich des Jangtse-Flusses zu stopfen. Die gelben Fluten bedrohten unzählige Häuser und Wohnungen. Mit Kohle- und Bohnensäcken versuchten die Helfer die Lücke zu schließen.
Auf Befehl der Pekinger Regierung sollte weiter oben am Flussverlauf ein Loch in den Schutzdeich gesprengt werden. Dadurch wären riesige Ländereien überflutet worden. Ziel der Aktion war es, die Großstadt Wuhan vor den Überflutungen zu retten.

(10.08.1998)

Nordfriesland. Eines der letzten großen Deichbauprojekte der schleswig-holsteinischen Westküste ist nun begonnen worden: Vor dem Wilhelm-Lübke-Koog begann der Ausbau des Nordsee-Deiches. Auf neun Kilometern Länge wird der Deich vor dem Koog verstärkt. Das Vorhaben kostet über 7 Millionen DM und wird voraussichtlich zwei Jahre dauern.

(11.09.1998)

Frankfurt an der Oder. Das so genannte Jahrhundert-Hochwasser wird immer dramatischer. Deiche brechen, ganze Dörfer stehen bereits meterhoch unter Wasser. Wohnhäuser sind wohl für immer unbewohnbar, die Ernte ist vernichtet, Existenzen sind bedroht. Über 15.000 Helfer kämpfen inzwischen gegen die Fluten der Oder an: Soldaten, Technisches Hilfswerk, Freiwillige.
Als gegen 4 Uhr morgens der Deich auf 45 Metern bricht, werden sofort 17 Dörfer evakuiert. Sie liegen tiefer als die Oder und sind von den heranschießenden Wassermassen stark bedroht. Wenn noch mehr Dämme reißen, steht die ganze Region unter Wasser.
Einige Kilometer weiter sind die Bewohner auf die Dachböden ihrer Häuser geflüchtet. Verlassen wollen sie ihre Wohnungen nicht, aus Angst vor Plünderern.

(26.07.1997)

Köln. Bei 9,49 Meter stoppte der Pegel und damit blieb die Altstadt von Köln von einer weiteren Katastrophe verschont. Die Schutzwände am Rheinufer waren dieses Mal hoch genug.
Doch in Zukunft werden Hochwasserperioden wesentlich häufiger die Fluss-Anwohner plagen, sagen die Experten, nachdem in den letzten Jahren mehrmals Häuser der Altstadt unter Wasser standen. Viele der angekündigten Schutzmaßnahmen werden erst in einigen Jahren verwirklicht werden können. Am Oberlauf des Rheins wurden bereits seit 1982 Rückhalteräume geschaffen, weitere Überflutungsgebiete sollen dazu kommen. Obstplantagen etwa können Überflutungen sehr gut vertragen. Problemlos werden sie mit über zwei Meter hohen Überflutungen fertig, auch wenn diese über zwei Wochen andauern.

(12.11.1998)

Literatur-Kartei: „**Der Schimmelreiter**"

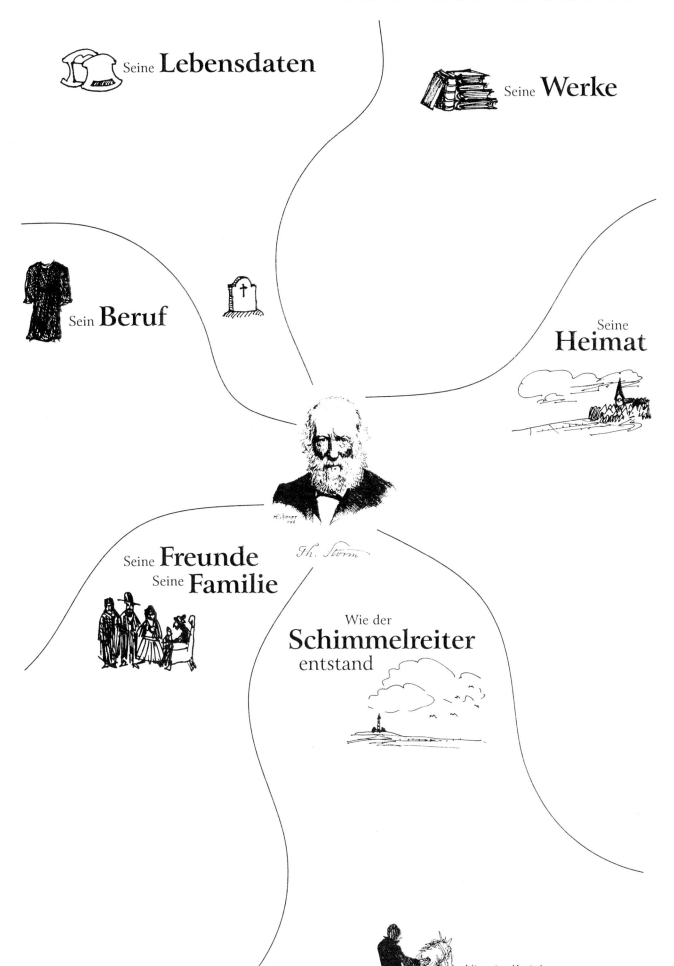

Arbeitsbogen

Übersichtskarte

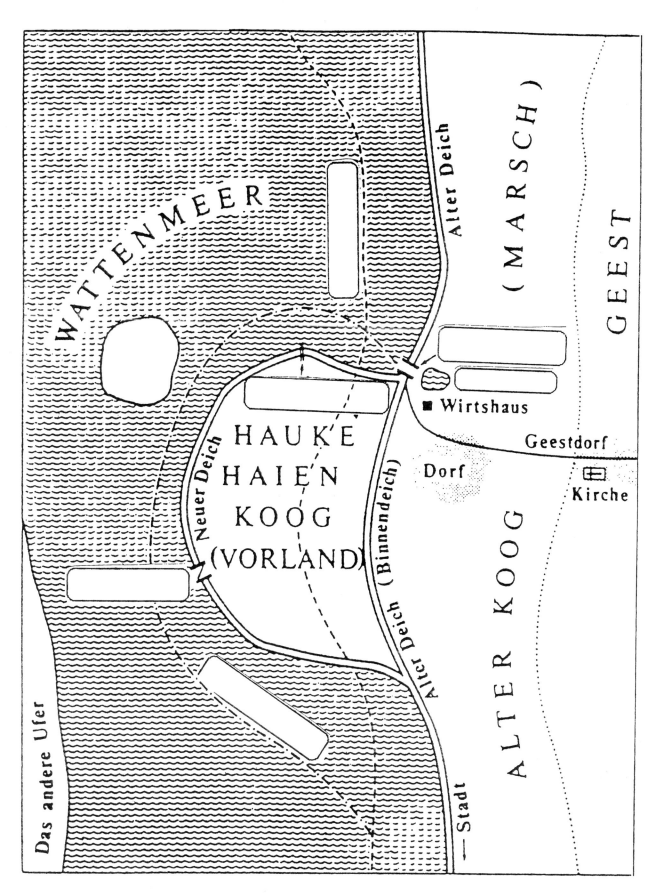

Literatur-Kartei:
„Der Schimmelreiter"

Arbeitsbogen

Chronik der Ereignisse

1655

Wie denn auch Anno 1655, den 4. Aug. ein schrecklicher Südweststurm entstanden, dadurch der teich von Bredstedt nacher Husum überall eingebrochen.

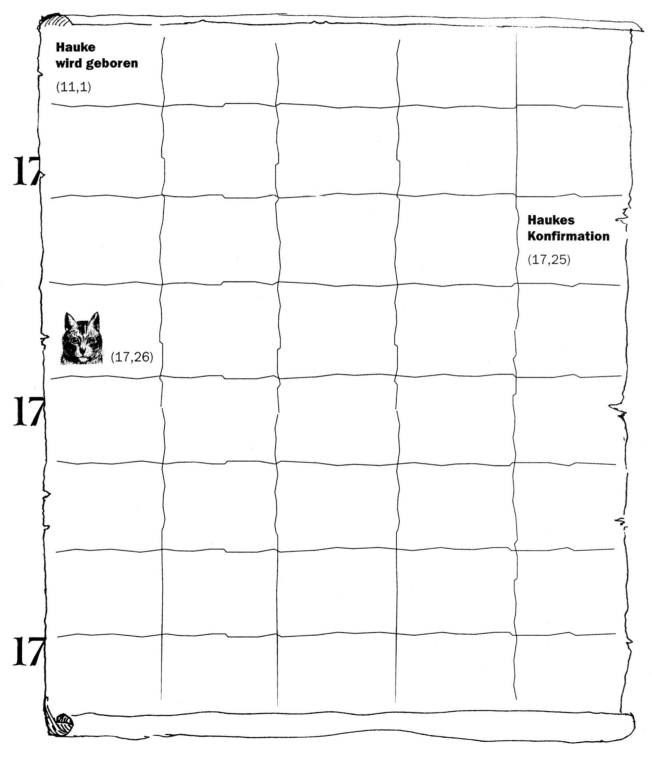

Hauke wird geboren (11,1)

17

Haukes Konfirmation (17,25)

(17,26)

17

17

Literatur-Kartei: „Der Schimmelreiter"

Arbeitsbogen

Namen

Person / Name	Bemerkung / Stichwort / Hinweis …	Textstelle
Deichgraf (Hauke Haien)		9,14
Sein Vater (Tede Haien)		9,26
Der Junge		9,33
Ein junges Weib		14,27
Trin Jans		17,28
Jens Jans		17,29
Bauer		20,21
Tede Volkerts		23,26
Elke Volkerts		24,9
Schulmeister		23,31
Der dicke Niß		27,10 / 30,3
Ole Peters		29,24
Peter Jansen		33,3ff.
Vollina Harders		33,19
Jeß Harders		33,20 / 47,32
Jeß Hansen		39,29
Ole Hensen		39,31ff.
Andersen		49,8ff.
Antje Wohlers		52,26
Frau Pastor		58,21
Volkert Tedsen		60,2
Oberdeichgraf		60,19
Jewe Manners		62,22
Pastor		63,3ff.
Marten Fedders		67,16ff.
Iven Johns		76,1
Tagelöhner		76,5
Carsten		76,28
Peter Ohm		77,8
Detlef Wiens		88,24
Jakob Meyen		91,34
Marten		96,28
Der alte Doktor		98,21
Frau Levke		99,20
Ann Grete		99,17
Flickschneider Jantje		99,25
Pantoffelmacher		101,7
Wienke Haien		103,18
Stina		103,34
Stinas Sohn		103,34
Harke Jens		106,26
Arbeiter		107,2
2 Arbeiter		110,8
Das alt Mariken		131,10

Literatur-Kartei: „Der Schimmelreiter"

Arbeitsbogen
Tiere und Pflanzen

Die Handlung des „Schimmelreiters" wird von verschiedenen Tieren begleitet. Die im Buch genannten Wasservögel erinnern daran, dass die Handlung an der deutschen Nordseeküste spielt, z.B.

....

....

Haukes Verhältnis zur Natur wird bald deutlich: ....

....

.... Mit Tieren geht Hauke unterschiedlich um:

Er tötet .... und einen ....

Später aber rettet er .... davor, ...

....

Eine besondere Beziehung hat er zu seinem Schimmel: ....

....

....

Unter den Pflanzen spielt ein Baum eine wichtige Rolle: die ....

Dieser Baum ....

....

....

....

....

....

....

Literatur-Kartei:
„Der Schimmelreiter"

Arbeitsbogen

Wer sagt denn so was?

Wer?	Was?	Über wen?
	Er „ist ein Dummkopf, dumm wie 'ne Saatgans." (S.23)	
	„… die Kate hier ist zu klein; zwei Herren können darauf nicht sitzen –" (S.23)	
	„Hol der Teufel den verfluchten Schreiberknecht!" (S.30)	
	„Schad nur, dass der Bengel nicht den gehörigen Klei unter den Füßen hat; das gäbe später sonst einmal wieder einen Deichgrafen; wie vordem sie dagewesen sind." (S.35)	
	„Ich dachte, Elke, ich hätt' was Besseres gewonnen!" (S.48)	
	„(…) dass ein Deichgraf von solch junger Jungfer gemacht wurde, das ist das Wunderbare an der Sache!" (S.65)	
	„… er ist hinterspinnig und sucht beim Oberdeichgraf sich 'nen weißen Fuß zu machen; (…)" (S.67)	
	„… und wolltet ihr ihm selbst nicht danken, eure Enkel werden ihm den Ehrenkranz doch einstens nicht versagen können." (S.90)	
	»Frisch zu! Der Schimmelreiter kommt!« (S.96)	
	„Ich weiß ja wohl, du kannst nicht allezeit, wie du willst, auch du nicht;" (S.99)	
	„Du strafst ihn, Gott, der Herr! Ja, ja, du strafst ihn!" (S.114)	
	»Herr Gott und du mein Jesus, lass uns nicht Witwe und nicht Waise werden! Schütz ihn, o lieber Gott; nur du und ich, wir kennen ihn allein!« (S.135)	

Literatur-Kartei:
„Der Schimmelreiter"

Arbeitsbogen

Das erste Mal

Auf welcher Seite und in welcher Zeile wird zum ersten Mal...

1	... sichtbar, dass Hauke sich in Elke verliebt hat?	
2	... klar, dass Hauke Haien die Idee hat, einmal Deichgraf zu werden?	
3	... deutlich, dass Tede Haien den alten Deichgrafen verachtet?	
4	... klar, dass Ole Peters etwas gegen Hauke hat?	
5	... deutlich, dass Elke den nahen Tod ihres Vaters vorausahnt?	
6	... von Hauke gegenüber Elke von seinen Plänen für einen neuen Deich gesprochen?	
7	... eine Verbindung zwischen Haukes Schimmel und dem Teufel ausgesprochen?	
8	... vom Hauke-Haien-Koog gesprochen?	
9	... wahrscheinlich, dass das Kind Wienke behindert ist?	
10	... anschaulich, dass der alte Deich brüchig ist?	

... und deine Fragen?

11		
12		
13		

Literatur-Kartei:
„Der Schimmelreiter"

Arbeitsbogen

Haltungen

a Ich bin zuständig für das Haus, der Mann für die Welt da draußen. Ich weiß, was ich wert bin. Ich glaube an die Liebe. Einem rechten Mann muss die Frau helfen, wo und wie sie kann.

b Auch wenn es einen Teufel gibt, möchte ich erst alles genau unter-suchen, ehe ich an Geister glaube.

c Ich bin misstrauisch jedem gegenüber, der etwas von mir will. Ich muß immer versteckt gegen die da oben ankämpfen, sonst geht es mir nicht gut.

d Aufstrebenden jungen Leuten muss man helfen.

e Ich muss mich gegen die Leute durchsetzen. Wenn ich etwas erreichen will, bin ich auf meine eigene Kraft angewiesen. Ich weiß, wo es längs geht. Für mich gibt es kein Nachgeben.

f Ich bin der Mittelpunkt meiner Welt. Essen, Trinken und Schlafen ist für mich das Wichtigste. Für die Arbeit findet man immer Leute, die sie besser und lieber tun als ich.

g In unserer Welt gibt es Geistererscheinungen, das habe ich mit eigenen Augen gesehen.

h Ich verlasse mich nur auf mich selbst und wehre mich, wo ich nur kann. Geschenkt wird mir nichts. Ich mag Tiere und kleine Kinder. Unheimliche Mächte bedrohen uns.

i Ich bin der klügste Mann im Dorf und weiß, was ich kann. Aber Besitz und Geld ist mehr wert als Klugheit. Ein kleiner Mann kommt nur schwer voran.

j Ein Vater kann alles, sogar mich vor dem Wasser schützen.

k Am wichtigsten ist das Recht.

Literatur-Kartei: „Der Schimmelreiter"

Arbeitsbogen

Friesen-Rätsel

	1	2	3	4	5	6	7	8	9	10	11
1	■				S						
2	■				C						
3	■				H						
4	■				I				■	■	■
5	■				M			■	■	■	■
6					M						
7		■	■		E		■	■	■	■	■
8					L						
9	■				R		■	■	■	■	■
10	■	■			E			■	■	■	■
11	■				I			■	■	■	■
12	■				T						
13					E		■	■	■	■	■
14	■	■	■		R						■

1 Trin Jans glaubt, dass es sie gibt; Hauke nicht (S.120)
2 Der Alptraum aller Marschbewohner (S.140)
3 Was steigt aus den Eisspalten? (S.15)
4 Ein rätselhafter Fund auf Jevershallig (S.75)
5 Keiner weiß, wann kommt die nächste? (S.137)
6 So nannte man damals einen Lehrer (S.8)
7 Die Krankheit der Marschen (S.52)
8 So nennen einige Leute im Dorf Haukes Schimmel (S.100)
9 Das Beweisstück für Elkes Verlobung (S.64)
10 Nie weiß man genau, wo er sich sein Bett sucht (S.128)
11 Wo kam der Sohn von Trin Jans um? (S.21)
12 Wienke fürchtet sich vor ihnen (S.121)
13 Worauf dreht der Wind vor der Sturmflut? (S.134)
14 Hauke versteht nicht, warum sie seinem neuen Deich ihren Namen gibt (S.110)

Literatur-Kartei:
„Der Schimmelreiter"

Arbeitsbogen
Anfangsbuchstaben

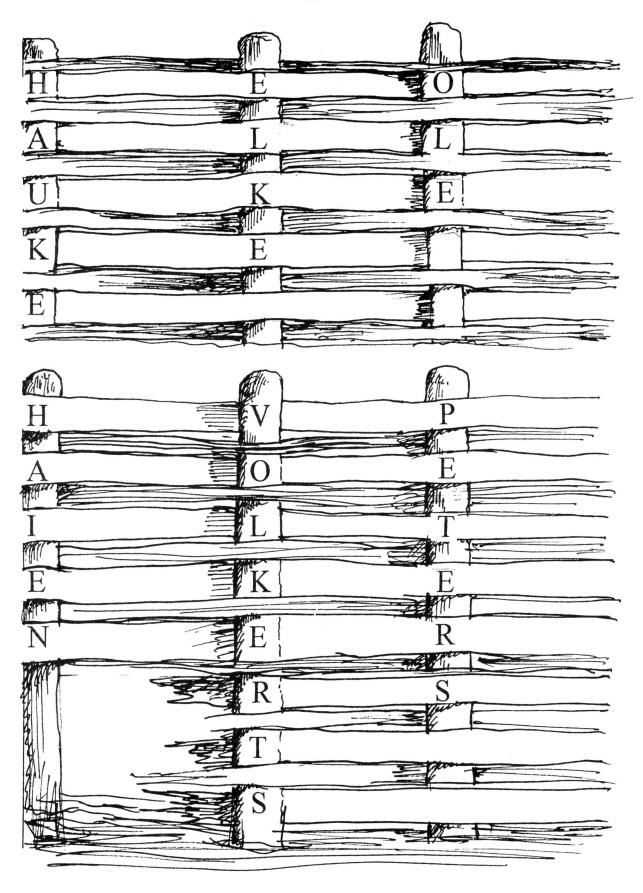

Literatur-Kartei: „**Der Schimmelreiter**"

Arbeitsbogen

Deich und Demat

Waagerecht :	**Senkrecht :**
4) ausgestochene Rasenstücke (95)	**1)** Wasserloch nach Deichbruch (5)
8) tiefster Wasserstand (127)	**2)** hölzernes Tor (40)
9) Bezeichnung für die Fensterläden (133)	**3)** Vorgesetzter des Deichgrafen (35)
10) zwanzig Stück (35)	**5)** altes Reiterspiel (61)
11) hohe Flut (13)	**6)** für den Deich zuständiger Oberbeamter (7)
15) festes Land vor dem Außendeich (69)	**7)** Felder in der Marsch (9)
16) Heugabel, Mistgabel (36)	**12)** Schutzwall gegen Überschwemmungen (3)
17) großes Zimmer für Feste (26)	**13)** (neu) eingedeichtes Land (5)
19) Schleuse, Entwässerungsgraben (9)	**14)** Wasserlauf im Watt (69)
20) dem Meer abgewonnenes Land (3)	**18)** kleine Insel ohne Deiche (3)
22) grauer Ton des Meeresbodens (14)	**21)** ein Landmaß in der Marsch, 0,5 ha (35)
23) Verwaltungsbezirk in Schleswig (4)	
24) Getränk aus Rum, heißem Wasser und Zucker (56)	

Achtung: Angaben in Klammern = Seitenzahl in der Reclamausgabe von 1998.

Literatur-Kartei:
„**Der Schimmelreiter**"

Arbeitsbogen

Antwort vorhanden – Frage gesucht

WAS IST ... ? WER IST ... ? WAS SIND ... ? WER SIND ... ?

A Bekannte Namen	F Vögel	K Pflanzen	P Wie hoch steht das Wasser?
100	100	100	100
200	200	200	200
300	300	300	300
400	400	400	400
500	500	500	500
B Alles Wasser – oder was?	**G Säugetiere**	**L „Gewonnenes" Land**	**Q Haukes Familie**
100	100	100	100
200	200	200	200
300	300	300	300
400	400	400	400
500	500	500	500
C Spuk und Gespenster	**H Männer – kaum bekannt**	**M Lauter Titel**	**R Frauen – weniger bekannt**
100	100	100	100
200	200	200	200
300	300	300	300
400	400	400	400
500	500	500	500
D Deichbau	**I Speisen und Getränke**	**N Rund ums Pferd**	**S Deicharten**
100	100	100	100
200	200	200	200
300	300	300	300
400	400	400	400
500	500	500	500
E Land, von der See beherrscht	**J Alte Berufe**	**O Tiere, die jeder kennt**	**T Viel zu schwer**
100	100	100	100
200	200	200	200
300	300	300	300
400	400	400	400
500	500	500	500

Literatur-Kartei: „Der Schimmelreiter"

Arbeitsbogen

Antwort vorhanden – Frage gesucht

WAS IST ... ? WER IST ... ? WAS SIND ... ? WER SIND ... ?

A Bekannte Namen	F Vögel	K Pflanzen	P Wie hoch steht das Wasser?
100 Hauke Haien	100 Kiebitz	100 Stachelbeeeren	100 Ebbe
200 Trin Jans	200 Silbermöwe	200 Bohnen	200 Flut
300 Tede Haien	300 Lerche	300 Seegras	300 Hochflut
400 Elke Volkerts	400 Fischreiher	400 Raps	400 Hohlebbe
500 Ole Peters	500 Säbelschnäbler	500 Strandnelke	500 Springflut
B Alles Wasser – oder was?	G Säugetiere	L „Gewonnenes" Land	Q Haukes Familie
100 Priel	100 Wiesel	100 Koog	100 Tede Haien
200 Wehle	200 Maus	200 Marsch	200 Elke
300 Haff	300 Otter	300 Fennen	300 Wienke
400 Wattenmeer	400 Schaf	400 Warft	400 Tede Volkerts
500 Brandung	500 Wasserratte	500 Deich	500 Volker Tedsen
C Spuk und Gespenster	H Männer – kaum bekannt	M Lauter Titel	R Frauen – weniger bekannt
100 Pferdegerippe	100 Der dicke Niß	100 Deichgraf	100 Vollina Harders
200 Schimmelreiter	200 Iven Johns	200 Oberdeichgraf	200 Ann Grete
300 Wasserweib	300 Jantje	300 Kommissär	300 Antje Wohlers
400 Seegespenster	400 Marten Fedders	400 Gevollmächtigter	400 Frau Lewke
500 Seeteufel	500 Jens Jans	500 Kretler	500 Stina
D Deichbau	I Speisen und Getränke	N Rund ums Pferd	S Deicharten
100 Klei	100 Grog	100 Ricks	100 Hauptdeich
200 Lahnungen	200 Met	200 Trense	200 Kajedeich
300 Bestickung	300 Warmbier	300 Araber	300 Binnendeich
400 Sturzkarren	400 Honigkuchen	400 Halfter	400 Außendeich
500 Profil	500 Weizenkringel	500 Ringreiten	500 Interimsdeich
E Land, von der See beherrscht	J Alte Berufe	O Tiere, die jeder kennt	T Viel zu schwer
100 Watt	100 Pantoffelmacher	100 Schimmel	100 Kirchspiel
200 Hallig	200 Kleinknecht	200 Angorakater	200 Harde
300 Schlick	300 Feldmesser	300 Claus	300 Lätare
400 Vorland	400 Flickschneider	400 Perle	400 Nägel
500 Wattenmeer	500 Schreiberknecht	500 Enten	500 Geknorr

Literatur-Kartei:
„Der Schimmelreiter"

Arbeitsbogen

Gesichter

„Und wieder ging vor seinen Augen die
Reihe übelwollender Gesichter vorüber"

Literatur-Kartei:
„Der Schimmelreiter"

Arbeitsbogen

Besetzungsbüro

Rolle	Merkmale	Nummer der Abbildung
Hauke Haien		
Elke Volkerts		

Literatur-Kartei:
„Der Schimmelreiter"

Arbeitsbogen

Stichwörter und Sprichwörter

Nummer:	Stichwort(e)	Zeile, Seite:
1	segeln	36,17f.
2	Haken	39,13
3	Vogel	44,28
4	Held	46,19
5	heiße Lohe	48,21
6	Trittstein	57,1ff.
7	Schärfen/Spitzen	57,13f.
8	Klei	63,28f.
9	Besen	66,21f.
10	Fuß	67,18f.
12	aufhucken lassen	67,20
13	verreden	81,9f.
14	Daumen halten	88,22f.
15	Schmutz	94,17

Literatur-Kartei: „**Der Schimmelreiter**"

Arbeitsbogen
Veranschaulichen

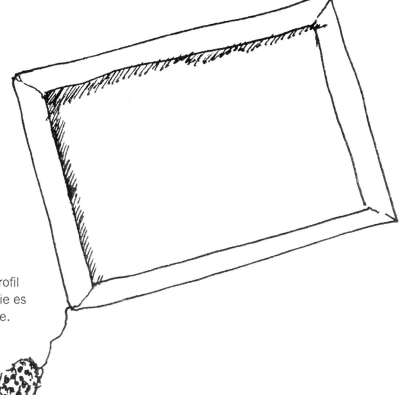

14,13ff.

... oder er nahm seine Schiefertafel und zeichnete darauf das Profil der Deiche nach der Seeseite, wie es nach seiner Meinung sein musste.

59,27ff.

... ein breiter blauer Grabstein stand jetzt aufgehoben gegen eine Traueresche ....

Literatur-Kartei:
„Der Schimmelreiter"

Arbeitsbogen

Schauplätze

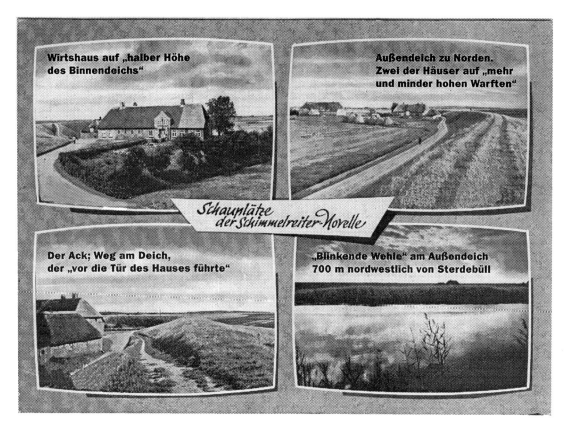

Literatur-Kartei:
„Der Schimmelreiter"

Arbeitsbogen

Spukbilder

(1) **Die Schimmelreiter-Erscheinung**	(2) **Der Leichenfund**
 (5,9–5,29) (7,29–8,5)	(14,24–14,35)
(3) **Die Seegespenster** (15,3–16,20)	(4) **Das Pferdegerippe auf Jevershallig** (75,35–78,25) (79,5–81,10) (144,14–44,24)
(5) **Das Wasserweib** (119,19–120,15)	(6) **Die fünf Totenköpfe** (130,22–132,9)

Literatur-Kartei: „**Der Schimmelreiter**"

Arbeitsbogen
Gegenstände

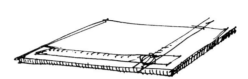

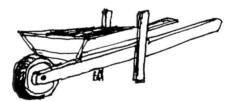
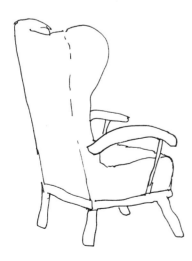

Literatur-Kartei:
„Der **Schimmelreiter**"

Arbeitsbogen

Lokalnachrichten

Angorakater erwürgt!

Hauke Haien warf die Holzkugel am weitesten

Das Eisboseln auf dem Winterfest gewann der Kleinknecht

Hauke Haien neuer Deichgraf

Der vierundzwanzigjährige Kleinbauernsohn Hauke Haien ist vom Oberdeichgrafen zum Nachfolger des verstorbenen Deichgrafen Tede Volkerts bestimmt worden. Hauke Haien ist als Deichgraf für Deichbau und die lebensnotwendige Deichverteidigung zuständig. Haien hatte als Kleinknecht auf dem Deichgrafenhof begonnen und als Großknecht die Deichgeschäfte mitverwaltet. Der Deichgevollmächtigte Jewe Manners hob die Fähigkeiten des neuen Deichverantwortlichen hervor: „Was in den letzten Jahren Gutes für Deiche und Siele und dergleichen vom Deichgrafenamt in Vorschlag kam, das war von ihm." Der junge Deichgraf ist mit der Tochter des verstorbenen Deichgrafen verlobt.

Neuer Deich fast fertig
Zwischenfall mit einem kleinen Hund

Bedenken gegen neue Deichbaupläne

Der Befehl der Oberdeichgrafschaft zur neuen Eindeichung war Thema einer Versammlung im Krug bei der Kirche, zu der Deichgraf Hauke

Neuer Deich eingeweiht

In Anwesenheit des Oberdeichgrafen und der herrschaftlichen Kommissäre wurde gestern

Jewe Manners gestorben
O. Peters neuer Deichgevollmächtigter

Der langjährige Deichgevollmächtigte Jewe

Familientragödie am alten Deich

Literatur-Kartei: „Der **Schimmelreiter**"

Arbeitsbogen

Tagebuchnotizen

20.12.

Heute Nacht hat sich der Marder drei meiner besten Tauben geholt. Wie ärgerlich!

Meine Arbeit wird immer schwerer. Viele kleine Leute gehen lieber zu den privaten Gottesdiensten des Flickschneiders Jantje.

Dort soll man offen darüber sprechen, dass Hauke H. vom Teufel geholt worden sei. Der Grund sei sein gotteslästerliches Verhalten bei der Krankheit seiner Frau.

Bald ist Weihnachten. Was sage ich nur im Gottesdienst?

Nach dem großen Unglück habe ich viel über Verantwortung und Schuld nachgedacht. Eine ganze Familie an ein und demselben Tag ausgelöscht! Hat Hauke Schuld auf sich geladen?

Natürlich hat er Fehler gemacht. Er ist ein Aufsteiger gewesen.

Die einfachen Leute hat er nicht verstanden. Wie hat Hauke gegen den Aberglauben der Deicharbeiter gewettert! Er hat den kleinen Hund gerettet. Jetzt ist er selbst ein lebendiges Opfer geworden.

Ist sein alter Widersacher Ole Peters schuld, der dauernd gegen ihn gestänkert hat?

Im Sommer vor dem Deichbruch hat Hauke sich zu leicht von Ole Peters beeinflussen lassen. Er hätte sich mehr um die Löcher im alten Deich kümmern müssen. Ist er noch nicht richtig gesund gewesen? Was sind eigentlich die Pflichten eines Deichgrafen?

Wie viel Schuld kann ein einzelner Mensch überhaupt tragen?

Gegen eine Naturkatastrophe ist auch ein Deichgraf machtlos. Sicher, jeder lobt den neuen Koog. Aber wenn ich mir die verbitterten Bauerngesichter im Gottesdienst vorstelle, sehe ich in ihren Augen nur Wut auf Hauke. Wie wird man ihnen gerecht? Und was empfinden die Dorfleute beim Tod von Elke und der kleinen unschuldigen Wienke?

Liegt es denn in unserer Hand, über Leben und Tod zu entscheiden?

Gott beschütze sie alle.

Literatur-Kartei: „Der Schimmelreiter"

Arbeitsbogen

Ja, wenn…

Person / Name (Textstelle)	Bemerkungen / Stichworte / Hinweise / Ideen …
A) … Haukes Großvater kein Holländisch gelernt hätte (10,15ff.)	
B) … Hauke den Kater hätte leben lassen (18,25ff.)	
C) … der dicke Niß sich nicht so sinnlos betrunken hätte (27,23ff.)	
D) … Elke neidisch auf Haukes Fähigkeiten gewesen wäre (36,25ff.)	
E) … Hauke beim Boßeln versagt hätte (45,12ff.)	
F) … Elke und Ole auf dem Boßelfest miteinander getanzt hätten (47,20ff.)	
G) … Haukes Vater noch länger gelebt hätte (52,2ff.)	
H) … Iven und Carsten weniger abergläubisch gewesen wären (76,34ff.)	
I) … der Slowake seinen Schimmel an Ole Peters verkauft hätte (83,34ff.)	
J) … Jewe Manners seine Rede anders gehalten hätte (89,26ff.)	
K) … Ole Peters sich viele Anteile am Koogland gekauft hätte (94,4ff.)	
L) … Wienke ein normales Kind gewesen wäre (117,35ff.)	
M) … Hauke den Schaden im alten Deich besser beurteilt hätte (125,20ff.)	

Literatur-Kartei: „**Der Schimmelreiter**"

Arbeitsbogen

Erlkönig und Schimmelreiter

Wer reitet so spät durch Nacht und Wind?
Es ist der Vater mit seinem Kind;
Er hat den Knaben wohl in dem Arm,
Er fasst ihn sicher, er hält ihn warm.

Mein Sohn, was birgst du so bang dein Gesicht? –
Siehst, Vater, du den Erlkönig nicht?
Den Erlenkönig mit Kron und Schweif? –
Mein Sohn, es ist ein Nebelstreif. –

»Du liebes Kind, komm, geh mit mir!
Gar schöne Spiele spiel ich mit dir;
Manch bunte Blumen sind an dem Strand,
Meine Mutter hat manch gülden Gewand.«

Mein Vater, mein Vater, und hörest du nicht,
Was Erlenkönig mir leise verspricht? –
Sei ruhig, bleibe ruhig, mein Kind;
In dürren Blättern säuselt der Wind. –

»Willst, feiner Knabe, du mit mir gehn?
Meine Töchter sollen dich warten schön;
Meine Töchter führen den nächtlichen Reihn
Und wiegen und tanzen und singen dich ein.«

Mein Vater, mein Vater, und siehst du nicht dort
Erlkönigs Töchter am düstern Ort? –
Mein Sohn, mein Sohn, ich seh es genau:
Es scheinen die alten Weiden so grau. –

»Ich liebe dich, mich reizt deine schöne Gestalt;
Und bist du nicht willig, so brauch ich Gewalt.«
Mein Vater, mein Vater, jetzt faßt er mich an!
Erlkönig hat mir ein Leids getan! –

Dem Vater grauset's, er reitet geschwind,
Er hält in den Armen das ächzende Kind,
Erreicht den Hof mit Mühe und Not;
In seinen Armen das Kind war tot.

(Johann Wolfgang Goethe)

Literatur-Kartei:
„**Der Schimmelreiter**"

Arbeitsbogen

Brief an eine Freundin

Liebe Sophie,

stell dir vor: ich habe mich verlobt! Mein Verlobter heißt Hauke. Aber jetzt erst mal der Reihe nach. Ich kannte Hauke schon lange, habe aber kaum mal ein Wort mit ihm gesprochen, bis er auf unseren Hof kam. Du kannst dir vielleicht vorstellen, dass Ole Peters nicht begeistert war.

Am Anfang kam Hauke mir ziemlich schlanterig vor, aber

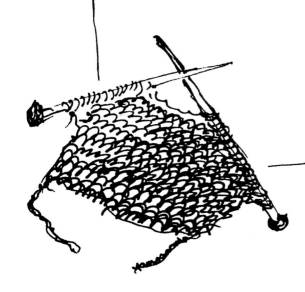

Literatur-Kartei: „Der Schimmelreiter"

Arbeitsbogen

Lücken

Lücke	Textstelle	Deine Ergänzung
1	26,13 – 26,14	Hauke trat zum Deichgrafen hinein und …
2	29,15 – 29,16	
3	37,6 – 37,7	
4	40,28 – 40,29	
5	49,3 – 49,4	
6	66,5 – 66,6	
7	74,28 – 74,29	
8	78,26 – 78,27	
9	88,4 – 88,5	

Literatur-Kartei: „Der Schimmelreiter"

Arbeitsbogen
Ein wichtiges Gespräch

Elke (verzweifelt)**:** Hauke, lass mich sprechen: das Kind, das ich nach Jahren dir geboren habe, es wird für immer ein Kind bleiben. O lieber Gott! es ist schwachsinnig; ich muss es einmal vor dir sagen.

Hauke: Ich wusste es längst.

Elke: So sind wir denn doch allein geblieben.

Hauke:

Elke:

Hauke:

Elke:

Hauke:

Elke:

Hauke: Ich hab sie lieb, und sie schlägt ihre Ärmchen um mich und drückt sich fest an meine Brust; um alle Schätze wollt ich das nicht missen!

Elke: Aber warum? Was hab ich arme Mutter denn verschuldet?

Hauke: Ja, Elke, das hab ich freilich auch gefragt, den, der allein es wissen kann, aber du weißt ja auch, der Allmächtige gibt den Menschen keine Antwort – vielleicht, weil wir sie nicht begreifen würden. Lass dich nicht irren, dein Kind, wie du es tust, zu lieben; sei sicher, das versteht es!

Literatur-Kartei: „**Der Schimmelreiter**"

Arbeitsbogen

Mit meinen Worten

» Du bist noch so was schlanterig, Hauke!«, sagte sie; »**aber uns dienen zwei feste Augen besser als zwei feste Arme!**«

(27,7)

Und Elke drehte ihren Mann, so dass er sich im Spiegel sehen musste, denn sie standen zwischen den Fenstern in ihrem Zimmer. »Da steht der Deichgraf!«, sagte sie; »nun sieh ihn an; **nur wer ein Amt regieren kann, der hat es!**«

(68,9)

Man mag wohl fragen, was mitunter ganz fremde Menschen aneinander bindet; vielleicht – sie waren beide geborene Rechner, **und das Mädchen konnte ihren Kameraden in der groben Arbeit nicht verderben sehen.**

(30,7)

Die kluge Frau erwiderte: **»Du weißt doch, das Wohlfeilste ist auch meist das Teuerste.«**

(81,33)

„Ich dachte nur an meinen Vater", sagte sie; „glaub mir, es wird ihm schwer ankommen, dich zu missen." Und als ob sie zu dem Worte sich ermannen müsse, fügte sie hinzu: **„Mir ist es oft, als ob er auf seine Totenkammer rüste."**

(51,13)

Da hatte Frau Elke gemeint, **die verlebte Dienstmagd ihres Großvaters könnte bei ihnen noch ein paar stille Abendstunden und eine gute Sterbekammer finden.**

(112,4)

Aber sie erwiderte: »Ich guck nicht ein; ich will bei dir ein wenig Ordnung schaffen, damit du ordentlich in deinem Hause wohnen kannst! Dein Vater hat vor seinen Zahlen und Rissen nicht viel um sich gesehen, **und auch der Tod schafft Wirrsal; ich will's dir wieder ein wenig lebig machen!**«

(53,13)

Gegen Gesinde und Arbeiter aber wurde er strenger; die Ungeschickten und Fahrlässigen, die er früher durch ruhigen Tadel zurechtgewiesen hatte, wurden jetzt durch hartes Anfahren aufgeschreckt, **und Elke ging mitunter leise bessern.**

(102,3)

Literatur-Kartei: „**Der Schimmelreiter**" 77

Arbeitsbogen

Sagen und Denken

Sagen ...

Hauke Haien war zur Zeit des Pferdemarktes in die Stadt geritten, ohne jedoch mit diesem dort zu tun zu haben. Gleichwohl, da er gegen Abend heimkam, brachte er ein zweites Pferd mit sich nach Hause; aber es war rauhaarig und mager, dass man jede Rippe zählen konnte, und die Augen lagen ihm matt und eingefallen in den Schädelhöhlen. Elke war vor die Haustür getreten, um ihren Eheliebsten zu empfangen. „Hilf Himmel!", rief sie, „was soll uns der alte Schimmel?" Denn da Hauke mit ihm vor das Haus geritten kam und unter der Esche hielt, hatte sie gesehen, dass die arme Kreatur auch lahmte.
Der junge Deichgraf aber sprang lachend von seinem braunen Wallach: „Lass nur, Elke; es kostet auch nicht viel."
Die kluge Frau erwiderte: „Du weißt doch, das Wohlfeilste ist auch meist das Teuerste."
„Aber nicht immer, Elke; das Tier ist höchstens vier Jahre alt; sieh es dir nur genauer an! Es ist verhungert und misshandelt; da soll ihm unser Hafer gut tun; ich werde es selbst versorgen, damit sie es mir nicht überfüttern."
Das Tier stand indessen mit gesenktem Kopf, die Mähnen hingen lang am Hals herunter. Frau Elke, während ihr Mann nach den Knechten rief, ging betrachtend um dasselbe herum; aber sie schüttelte den Kopf: „So eins ist noch nie in unserem Stall gewesen!"
Als jetzt der Dienstjunge um die Hausecke kam, blieb er plötzlich mit erschrocknen Augen stehen.
„Nun, Carsten", rief der Deichgraf, „was fährt dir in die Knochen? Gefällt dir mein Schimmel nicht?"
„Ja – oh ja, uns' Wert, warum denn nicht!"
„So bring die Tiere in den Stall, gib ihnen kein Futter; ich komme gleich selber hin!" (S. 81 f.)

... und Denken

Literatur-Kartei: „**Der Schimmelreiter**"

Arbeitsbogen

Aber-Glauben

1	(12,25ff.) Hauke sagt: „Ich bin doch nicht versoffen." Sein Vater erwidert nach einer Weile und sieht ihm wie abwesend ins Gesicht: „Nein, diesmal noch nicht."	… aber der Tede Haien sieht vermutlich Haukes Ende voraus, sieht, dass Hauke irgendwann in der Nordsee ertrinken wird.
2	(14,24ff.) „Von Krabben angefressene und verweste Seeleichen werden gefunden."	… aber die junge Frau hält die Leichen für
3	(15,23ff.) Das Eis ist gespalten. Aus den Rissen steigen Nebel.	… aber Hauke sieht
4	(16,2f.) „Hoiho", schreit Hauke in die Nacht hinaus.	… aber Hauke denkt:
5	(16,16f.) Hauke geht heim und hört Flügelrauschen und hallendes Geschrei. Er sieht sich nicht um, er geht sein Tempo weiter.	… aber Hauke hat Angst und denkt an
6	(17,6f.) Der Erzähler sieht aus dem Fenster, wie der Sturm die Wolken treibt und Licht und Dunkel abwechseln.	… aber dem Erzähler ist, als ob
7	(79,13ff.) Der Junge Carsten fährt mit einem Boot zur Hallig Jeversand und schlägt mit einer Peitsche nach einem auffliegenden Kiebitz.	… aber der Knecht Iven
8	(84,2ff.) Hauke erwirbt billig einen Schimmel von einem Slowaken, der sich eigenartig verhält („… lachte wie ein Teufel").	… aber Elke
9	(121,12ff.) Fischreiher und Krähen holen sich die Fische aus den offenen Spalten des zugefrorenen Wattenmeeres.	… aber Wiebke
10	(144,5ff.) Der Schulmeister hat dem Gast vernünftig erklärt, wie die Geschichte vom Schimmelreiter sich wirklich zugetragen hat.	(145,29) … aber der Deichgraf ist abergläubisch und sagt zu ihm:

Literatur-Kartei:
„Der **Schimmelreiter**"

Arbeitsbogen

Sprachbilder

Sie ist weit und wild (S. 12)

Was die Wasser mit dem Deich machen (S.12)

Er kommt zum sterbenden Tede Haien (S. 52)

Es leuchtet aus Elkes Augen (S.100)

Eine gespenstische Entdeckung im Watt (S.128)

Was Hauke vor sich sieht (S.137)

Ein Mantel, der leicht zerreißt (S.142)

Literatur-Kartei:
„Der **Schimmelreiter**"

Arbeitsbogen

Eine Quelle zum Schimmelreiter

Rahmenerzählung I a

„ – so erzählte mir mein Freund –"
(Ein Freund berichtet dem Erzähler von einem Erlebnis.)

Rahmenerzählung II a

Dieser Freund will von Danzig nach Marienburg reiten. In Dirschau möchte er mit der Fähre über die Weichsel gefahren werden. Das geht nicht, weil die Weichsel vereist ist und außerdem Hochwasser führt. Er reitet auf dem Weichseldamm zur Güttlander Fähre, die noch fahren soll. Es wird Nacht, der Sturm braust, und es begegnet ihm eine gespenstische Gestalt auf einem Schimmel. Er erschrickt, sein Pferd springt beiseite und wäre fast in die Weichsel gestürzt. Endlich findet er eine menschliche Behausung: In einer „Wachtbude" am Weichselufer sind mehrere Männer versammelt, die Eiswache haben. Sie unterhalten sich mit dem Reiter aus Danzig. Ein alter Mann erzählt die eigentliche Geschichte des gespenstigen Reiters.

Kernerzählung

„Vor vielen Jahren, da sich auch unsere Vorfahren hier einst versammelt hatten, um auf den Gefahr drohenden Eisgang genau Acht zu haben, bekleidete ein entschlossener, einsichtsvoller und allseits beliebter Mann aus ihrer Mitte das Amt eines Deichgeschworenen. An einem jener verhängnissvollen Tage entstand eine Stopfung des Eises, mit jeder Minute stieg das Wasser und die Gefahr; der erwähnte Deichgeschworene, der einen prächtigen Schimmel ritt, sprengte auf und nieder, überzeugte sich überall selbst von der Gefahr und gab zu deren Abwehr die richtigsten und angemessensten Befehle; dennoch unterlagen die Kräfte der schwachen Menschen der schrecklichen Gewalt der Natur, das Wasser fand durch den Damm einen Durchweg, und schrecklich war die Verheerung, die es anrichtete. Mit niedergeschlagenem Muthe kam der Deichgeschworene in gestrecktem Galopp beim Deichbruche an, durch den sich das Wasser mit furchtbarer Gewalt und brausendem Getöse auf die so ergiebigen Fluren ergoss; laut klagte er sich an, auf diese Seite nicht genug Acht gegeben zu haben, sah darauf still und unbewegt diesen Schrecken der Natur einige Augenblicke an; dann erschien ihn die Verzweiflung in besonderem Maße zu ergreifen, er drückt seinem Schimmel die Sporen in die Seiten, ein Sprung – und Ross und Reiter verschwinden in den Abgrund. –

Rahmenerzählung II b

Der alte Mann sagt zum Schluss: „Noch scheinen die Beide nicht Ruhe gefunden haben, denn sobald Gefahr ist, lassen sie sich noch immer sehen."

Rahmenerzählung I b

„Hiermit schloss mein Freund, betheuerte die Wahrheit und schien durch mein Kopfschütteln verdrießlich werden zu wollen."

Literatur-Kartei: „**Der Schimmelreiter**"

Arbeitsbogen

Struktur der Novelle

Rahmenerzählung I

  Rahmenerzählung II a

    Kernerzählung 1

  Rahmenerzählung II b

    Kernerzählung 2

  Rahmenerzählung II c

    Kernerzählung 3

  Rahmenerzählung II d

    Kernerzählung 4

  Rahmenerzählung II e

Rahmenerzählung I (Schluss fehlt)

Literatur-Kartei: „Der Schimmelreiter"

Arbeitsbogen
Ein langer Satz

Als Hauke jetzt seinen Plan verlesen und die Papiere, die freilich schon drei Tage hier im Kruge zur Einsicht ausgelegen hatten, wieder auf den Tisch breitete, waren zwar ernste Männer zugegen, die mit Ehrerbietung diesen gewissenhaften Fleiß betrachteten und sich nach ruhiger Überlegung den billigen Ansätzen ihres Deichgrafen unterwarfen; andere aber, deren Anteile an dem neuen Lande von ihnen selbst oder ihren Vätern oder sonstigen Vorbesitzern waren veräußert worden, beschwerten sich, dass sie zu den Kosten des neuen Kooges hinzugezogen seien, dessen Land sie nichts mehr angehe, uneingedenk, dass durch die neuen Arbeiten auch ihre alten Ländereien nach und nach entbürdet würden, und wieder andere, die mit Anteilen in dem neuen Koog gesegnet waren, schrien, man möge ihnen doch dieselben abnehmen, sie sollten um ein Geringes feil sein; denn wegen der unbilligen Leistungen, die ihnen dafür aufgebürdet würden, könnten sie nicht damit bestehen.

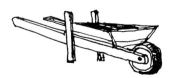

Literatur-Kartei:
„**Der Schimmelreiter**"

Arbeitsbogen

Was passt zur Person?

	Tier	Pflanze	Lied/Musik	Kleidung	Farbe	Wetter
Hauke						☁️
Elke						
Tede Volkerts	🍗					
Tede Haien						
Ole Peters						
Vollina Harders						
Jewe Manners						
Trin Jans	🐱					
Carsten						

Literatur-Kartei: „Der Schimmelreiter"

Arbeitsbogen

Todesanzeigen

r
rt

tand plötzlich und

chtbewußter
bildlicher Weise
n.
en machten ihn zu
n.
Unser Mitgefühl

Gustav Richter
der des Personalrates
tungen und Betriebe

Hauke Haien

Plötzlich ist
und Bruder

Kur

Husum, der
früher Treia

Die Trauerf
im engsten

rloren!
5. Mai 1998 im
er

Klempnermeister

ermann

tives Mitglied, das
Innung mit Sach-
rt hat.

bleiben.

las Sanitär-,
empnerhandwerk
dt und Land
lbertsen
eister

Hauke Haien

Nach langer
Mann, unser
Opa von uns

Literatur-Kartei:
„Der Schimmelreiter"

Arbeitsbogen

Kummerbriefe

Der Chef achtet unseren Glauben nicht

Wir halten in unserer Dorfgemeinschaft auf Tradition und achten die Gebräuche, die unsere Vorväter uns gelehrt haben

Nichts Lebendiges mehr

Ich bin eine alte Frau. Mein Sohn ist früh gestorben. Mein Kater war alles, was ich lieb haben konnte. Er war mir mehr wert als alles andere. Jetzt ist er tot, von einem Nachbarsjungen umgebracht. Ich ko... ...me über den ... ...iege ich allein ... ...iges mehr um

Trin J.

Kinder...

Ich bin seit a...
ren verheirate...
re Ehe ist le...
her kinderlo...
ben. Dabei ...
ich mir so ...
Kind und ich...
über oft gan...
felt und fra...
was ich noc...
Mit meine...
habe ich ...
darüber ge...
bei spüre i...
auch mei...
sehr schw...
über zu ...
möchte de...
dazu aber ...
geben.

Angst vor dem Teufels...

...rsüchtig

...euer Mitarbeiter in
...etrieb gekommen
...eifersüchtig auf ihn.
...iebling des Chefs -
...Tochter. Ich muß
...e Arbeit machen,
...ntlich verrichten
...
...ich auch noch bei
einem Winter-Sportwettkampf besiegt und ich konnte nur schwer ertragen, wie sie ihm gerade danach schöne Augen gemacht hat.

Ole P.

Fühle mich ausgebeutet

Ich habe einen kleinen landwirtschaftlichen Betrieb; wir müssen hart arbeiten, um über die Runden zu kommen. Da fällt es uns besonders schwer, dass wir auch noch für die Deichbewirtschaftung herangezogen werden.

Detlev W.

Literatur-Kartei: **„Der Schimmelreiter"**

Arbeitsbogen

Interview

10 Jahre Deichgraf – wir sprachen mit Hauke Haien

1. 10 Jahre sind Sie jetzt Deichgraf. Wie ist Ihre Zwischenbilanz?

2. Sie haben dem neuen Deich ein anderes Profil gegeben. Wie hat sich das bewährt?

3. Man hört, Sie seien durch den Bau des neuen Deiches reich geworden? Was sagen Sie dazu?

4. Der neue Deich wird im Volksmund schon Hauke-Haien-Deich genannt. Wie finden Sie das?

5. Sie sind nicht nur Deichgraf, sondern auch Familienvater. Wie wirkt sich die Arbeit auf das Familienleben aus?

6. Was sind ihre weiteren Pläne?

7. Ihre Kritiker sagen, dass der Deichbau viel zu viel Zeit und Geld kostet. Was antworten Sie ihnen?

Literatur-Kartei:
„Der **Schimmelreiter**"

Arbeitsbogen

Wie **heißt** das **Buch** ... ?

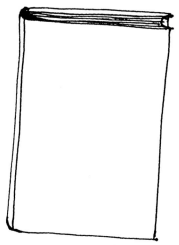
... als **Liebesgeschichte**

... als **Geschichte eines Aufsteigers**

... als **Kampf gegen die Naturgewalt**

... als **Kampf des Einen gegen die Vielen**

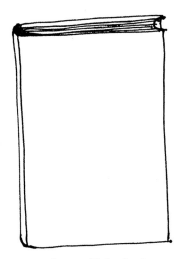
... als **nordfriesische Heimatdichtung**

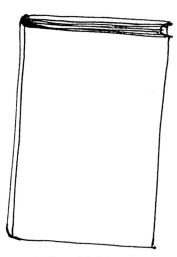
... als **Geschichte eines Selbstmörders**

... als **Auseinandersetzung mit dem (Aber-)Glauben**

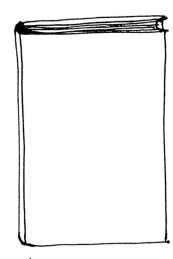
... als

... als

Literatur-Kartei: „**Der Schimmelreiter**"

Arbeitsbogen

Umschlagbilder

Literatur-Kartei: „**Der Schimmelreiter**"

Arbeitsbogen

Mit dem Schimmelreiter werben

Literatur-Kartei: „Der Schimmelreiter"

Arbeitsbogen

(Über-)Leben hinter dem Deich

1750 war ich zu Besuch in einem kleinen Dorf an der Nordseeküste in der Nähe von Husum. Dort lernte ich den Bauern Sönke Dirks kennen. Sein reetgedeckter Hof ist 15 Demat groß und liegt auf einer Warft. Die Leute hier reden nicht viel, Sönke Dirks ist eine Ausnahme. Sönke „Snackfatt" nennen die Dorfleute ihn. „Bei Husum ist die Welt zu Ende, diese Leute von der Geest haben von der Marsch ja keine Ahnung", ist so ein typischer Spruch von ihm.

Als ich ihn vor dem Kirchspielkrug traf, fing er an gleich an zu erzählen: „Ich habe einen neuen Kleinknecht eingestellt. Er bekommt im Jahr 50 Mark Lohn. Dafür muss ich 3 Doppelzentner Weizen verkaufen. Dazu kommt noch freie Unterkunft und Verpflegung, drei leinene Hemden und acht Paar wollene Strümpfe.

Er muss Heu machen, Raps und Hafer mähen, Bohnen abernten, Kühe melken und Kälber füttern und so weiter. Das ist eine harte Arbeit, auch die Kinder müssen tüchtig mit ran. Zur Schule gehen sie nur im Winter.

Vieles ist ungerecht, dieser Mühlenzwang zum Beispiel. Ich darf mir nicht die billigste Mühle aussuchen! Ich muss im Nachbardorf mein Korn mahlen lassen, obwohl es dort teuer ist. Aber sonst gibt es eine Strafe. Der Müller Momme Iversen ist außerdem ein Betrüger: Wenn Momme sauber macht, fegt er immer von außen nach innen. Begreifst du? Den Dreck, den er ausfegt, tut er ins Mehl, damit es mehr wird. Verstehe einer diese Gesetze: Ich muss teures Lüneburger Salz kaufen, dabei kann ich selbst mein Salz aus Seetorf herstellen.

Im Herbst nach der Ernte ist bei uns was los! Dann ist Ringreiten. Die Bauern des Dorfes reiten nacheinander auf ihren geschmückten Pferden auf einen Ring zu, der an einer Leine hängt. Wir versuchen diesen Ring mit einer Art Lanze zu treffen. Voriges Jahr habe ich einen Glaspokal gewonnen.

Unser Wintersport ist das Bosseln. Dabei wird eine mit Blei gefüllte Holzkugel von zwei Mannschaften um die Wette weggeschleudert. Alle sind begeistert und die Veranstaltung endet in einem großen Tanzfest, auf dem kräftig getrunken wird.

Sonst bin ich mit meinem Leben zufrieden: Seit 30 Jahren geht es uns besser. Wir gehören jetzt zum Königreich Dänemark, es gibt keine Kriege mehr wie früher. Viele Leute sind reich geworden, weil sie auf Walfang gegangen sind, besonders die von den Inseln. Oder sie haben mit der Handels-Schifffahrt gutes Geld verdient. Aus Holland haben sich einige Leute Delfter Fliesen mitgebracht und damit ihre Wohnstube geschmückt. Wir Bauern bekommen jetzt auch genügend Magervieh aus Dänemark, das wir auf unseren Fennen fett gräsen. Aber schlimme Unglücke gibt es immer wieder. 1745 ist hier in der Gegend fast das gesamte Vieh an einer Art Pest gestorben.

Das schlimmste aber ist die Nordsee. Wir müssen viel Geld und Arbeit für die Deichpflege aufbringen. Jeder muss sein Stück Deich in Ordnung halten. Erst gestern hat der neue Deichgraf Hauke Tedsen mich angemeckert, weil auf meinem Deichstück Disteln wachsen.

Es gilt nämlich das Spadelandsrecht, das kennt ihr Geestleute wohl nicht. Es ist ein Spatenrecht. Wer nicht will deichen, der muss weichen. Man nimmt ihm das Land, seinen ganzen Besitz weg. Wer von sich aus aufgeben will, steckt seinen Spaten in den Deich. So ging es mir beinahe, als mein Vater Dirk Redlefsen ums Leben kam. Er ertrank in der letzten großen Sturmflut vor 32 Jahren, weil er unsere Schafe noch auf die Warft treiben wollte. Die Flut war schneller. Mutter und ich konnten uns auf den Dachboden retten. Diese Eisflut vom 25. Februar 1718 füllte den ganzen Koog mit Eisschollen und Salzwasser an. Ich hatte keine Zeit für die Deicharbeiten und wusste nicht mehr weiter. Unsere Gemeinde schrieb einen Bittbrief wegen Erlass der Steuern. Ja, ja, die alten Zeiten, aber nun muss ich endlich nach Hause.

Komm doch mit, es gibt gebratene Mehlklöße mit Sirup, mein Lieblingsessen!"

Zum Mittagessen saßen wir alle gemeinsam am Küchentisch: Seine Frau Gesche, die Kinder Ellen und Ole und der Knecht Tade. Wir aßen alle aus einer Pfanne. Und hinterher gab es eine warme Biersuppe.

Literatur-Kartei: „Der Schimmelreiter"

Arbeitsbogen
Deich-Profile

Die Bewohner der Nordseeküste benötigen Deiche, um sicher zu wohnen. Sie wollen Landwirtschaft betreiben, die vor Sturmfluten gesichert sein muss.
Dieser Deichschutz erfordert eine sehr scharfe Gesetzgebung und eine straff durchgeführte Organisation.
„Wer nich will dieken, de mut wieken", heißt es im Spadelandsrecht.

Die Deichprofile (aus: Geschichte Nordfrieslands) stammen aus der Umgebung des Novellen-Schauplatzes.

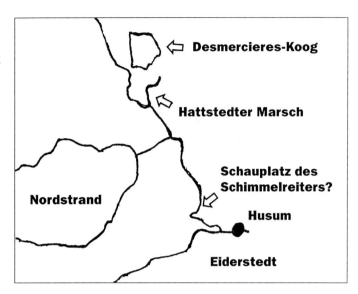

um 1000

Die ersten geschichtlich überlieferten Deiche wurden in Eiderstedt um die Jahrtausendwende errichtet. Über das Aussehen ist nichts überliefert. Vermutlich waren es einfache Erdwälle von ca. 3 Meter Höhe, die nur schwachen Sturmfluten widerstanden.

1596
Stackdeich auf Altnordstrand

Dieses Deichprofil wurde durch Petreus beschrieben. Der Deich ging mit Altnordstrand in der großen Sturmflut von 1634 unter. Im Vergleich zu den primitiven Erdwällen wird der breitere Deichfuß durch hölzerne Pfähle, Bretter und Rasenstücke gesichert. Diese teure Deichkonstruktion hat Nachteile. Die Sturmflut kolkt, d. h. das Wasser unterspült den Deich gewissermaßen von der Landseite her. 1634 waren 1/4 der Deiche auf Nordstrand Stackdeiche. Beim Bau wurde die Erde mit Tragen oder auch von Frauen mit ihren Schürzen transportiert.

1765/67
Deich des Desmercieres-Koogs

Die Bretterwand fehlt. Die Deichsohle hat sich auf ca. 35m verbreitert. Die Böschung auf der Seeseite steigt im ersten Teil sehr sanft an, der Abfall zur Landseite ist flacher geworden. Die anrollenden Wellen laufen sich „tot".
Beim Bau wurden schon Sturzkarren verwendet.

Literatur-Kartei:
„Der Schimmelreiter"

Arbeitsbogen
Deich-Profile

1836
Deich vor der
Hattstedter Marsch

Die Böschungswinkel haben sich weiter abgeflacht. Sie teilen sich auf der Seeseite in 3 Abschnitte. Die Deichkrone wurde verbreitert und damit befahrbar. Auch starke und hohe Wellen konnten die Deichkrone nicht so leicht zerstören. Die Breite des Deichfußes erhöhte sich beträchtlich.

1979
Deich Nordstrand
(Dickehörn)

Beim modernen Deich wird Meeressand von einem Saugbagger zwischen zwei Kleidämme gespült. Planierraupen schieben das Deichprofil zusammen. Bagger decken den Sand mit einer dichten Kleischicht ab, die mit Grassoden belegt wird. Die Deichsohle kann mit Steinen oder einer Asphaltdecke gesichert werden. An der sanft ansteigenden Seeseite laufen die Wellen sich „tot". Auch die Böschung der Landseite fällt sacht ab, so dass überschwappende Wellen die Grasnarbe nicht aufreißen, sondern das Wasser langsam abfließt. Der Deich wird nicht mehr – wie früher – von der Rückseite her zerstört.
Die Böschungswinkel werden noch weiter differenziert und abgeflacht. Die Deichhöhe beträgt jetzt 8.50 m über Normal Null.

Aufgaben:

 Wende folgende Fachbegriffe auf die Skizzen an:

Seeseite	NN = Normal Null	Böschung
Landseite	Sohle	Böschungswinkel
Profil	Krone	Vorland

 Miss bei jedem Deich die Deichhöhe, die Deichsohle und den Böschungswinkel.

 Vergleiche die Deichprofile.

Wie ändert sich
a) die Deichhöhe?
b) die Deichsohle?
c) der Böschungswinkel?

 Welcher Deich entspricht wohl dem neuen Deich von Hauke Haien?
Begründe deine Entscheidung.

Literatur-Kartei:
„Der Schimmelreiter"

Referate

Ein deutsches Volksspiel: Das Boßelwerfen in Dithmarschen. Originalzeichnung von B. Mörling. (S. 206.)

Nr.	Thema des Referats	Bemerkung
1	Inhaltsangabe Rahmenerzählung: Der Schulmeister erzählt	
2	Der junge Hauke	9,11 – 26,13
3	Hauke als Knecht bei Volkerts	26,14 – 59,15
4	Der junge Deichgraf	59,16 – 95,7
5	Der Deichbau	95,8 – 111,17
6	Sturmflut und Tod Hauke Haiens	111,18 – Ende
7	Charakteristik Tede Haien – ein kluger Mann	
8	Trin Jans – eine sonderbare Frau	
9	Elke – Haukes Frau und sonst nichts?	
10	Tede Volkerts – Essen und Trinken	
11	Ole Peters – ein Querkopf, der reden kann	
12	Beispiele für „Aberglauben"	
13	Wie plant Hauke den Deichbau? (Darstellung der Schritte)	
14	Welche Rolle spielt das Opfer im „Schimmelreiter"?	
15	Der Boßelsport – früher und heute	
16	Hörspiel: Hauke H. siegt im Boßeln – eine Reportage	
17	Der Lebenslauf von Hauke Haien	
18	Wienke – ein behindertes Kind	
19	Das Pferd auf Jevers Hallig	
20	Die Beschreibung des Meeres in der Novelle	(nur Bedrohung?)
21	Ist Hauke Haien religiös?	(99; 100)
22	Entwurf eines Klappentextes zur Novelle	
23	Lebensgeschichte des Schulmeisters	
24	Entwurf eines Tests	
25	Die Verwendung der plattdeutschen Sprache im „Schimmelreiter"	
26	Der heutige Hauke-Haien-Koog	
27	Spuk- und Gespenstersagen im Vergleich zum „Schimmelreiter"	
28	Die Frauenrollen im „Schimmelreiter" im Vergleich zu heute	
29	Kennenlernen-Verlobung-Heirat – heute und früher	

Projekte

 **Umsetzung in ein Hörspiel**

Lit.: BütowWilfried / Dahm, Horst (Hören und Anschauen im Literaturunterricht. Berlin 1977, S.175f.)

Die Autoren schlagen eine Aufteilung in 12 Abschnitte vor: Einführung; Haukes Kindheit; Hauke als Kleinknecht; Haukes Vorsatz Deichgraf zu werden; Hauke wird Deichgraf; Haukes Wirken nach der Ernennung zum Deichgrafen; Haukes Entschluss einen Deich zu bauen; Diskussion über den Deichbau; Bau des Deiche; Haukes Verzicht auf die notwendige Erneuerung des alten Deiches; die Sturmflut; der Untergang Haukes und seiner Familie; die Schlussbemerkung des Schulmeisters

 Lite-Radtour: Mit dem Fahrrad zu den Schauplätzen des „Schimmelreiters"

 Erstellung eines „Kleinen Deichlexikons"

 Auf dem „Schimmelreiter" durch's Internet

 Video-Projekt

Güstrow: Schüler drehen „Schimmelreiter" am Originalschauplatz

Literaturunterricht einmal ganz anders: in St. Peter-Ording an der Nordsee

Boitin/Güstrow/St. Peter-Ording/Bützow Für eine Woche gehen heute Schüler auf die Reise an die Nordsee - zum Filmen mit gleichzeitigem Literaturunterricht. Bereits für Generationen von Schülern war Theodor Storms „Schimmelreiter" Bestandteil der Lehrpläne, und immer wieder geht zunächst ein mehr oder minder hörbares Stöhnen durch die Klassen, wenn diese „olle Kamelle" zum Inhalt der Deutschstunden wird. So wurde die Idee geboren, tiefgründiger in die Materie einzudringen und über den Rahmen des Lehrplanes hinaus über den „Schimmelreiter" einen Film zu drehen. In Klassenleiterin Christiane Peters fand er schnell eine Verbündete, und auch die Schüler der 8. Klasse fingen rasch Feuer, als ihnen die Idee vorgestellt wurde. Eine Klasse der Maximilian-zu-Wied-Realschule aus der Partnerstadt Neuwied wurde ebenfalls für dieses Projekt gewonnen. Gemeinsam ist man nun seit etwa einem halben Jahr emsig dabei, das Projekt Gestalt annehmen zu lassen.

Von der Drehbuchentwicklung über Rollenverteilung und -studium bis hin zur Kostümgestaltung und der Auswahl der Drehorte war es doch ein recht beschwerlicher Weg. Diese Hürden sind jedoch genommen, und nun sind die jungen Filmemacher darangegangen, den Film zu drehen. Die „Feuertaufe" erhielten sie bereits am Mittwoch vergangener Woche, als der Vorspann in Güstrow auf Video gebannt wurde. Heute nun geht es auf Reisen, denn der Film soll an möglichst authentischen Orten entstehen, und das ist nun mal die Nordseeküste. In und rund um St. Peter-Ording werden die Schülern nun eine Woche lang ihren Film produzieren und zugleich ihre Kenntnisse auf dem Gebiet der Videoarbeit vertiefen. Fachlich betreut werden die jungen Filmemacher von den Mitarbeitern des Medienprojektes „Landei – Das rollende Studio" vom Verein „Großes Leben" Boitin, die einen Medientechniker samt Studiobus zu den Dreharbeiten mit an die Nordsee entsandten.

gekürzt aus © Schweriner Volkszeitung online, 29. Mai 1996

Quellen

In Sagensammlungen fand Storm das im „Schimmelreiter" (S. 71, 105 ff.) verwandte Motiv, dass nur »was Lebigs« eine schwer verschließbare Deichstelle haltbar machen könne, ein Motiv, das in verschiedenen Texten auftaucht.

Das vergrabene Kind

Bei Heiligensteden war am Stördeich ein großes Loch, das man auf keine Weise ausfüllen konnte, soviel Erde und Steine man auch hineinwarf. Weil aber der ganze Deich sonst weggerissen und viel Land überschwemmt wäre, muste das Loch doch auf jeden Fall ausgefüllt werden. Da fragte man in der Noth eine alte kluge Frau; die sagte, es gäbe keinen andern Rath als ein lebendiges Kind da zu vergraben, es müste aber freiwillig hinein gehn.

Da war nun eine Zigeunermutter, der man tausend Thaler für ihr Kind bot und die es dafür austhat. Nun legte man ein Weißbrot auf das eine Ende eines Brettes und schob dieses so über das Loch, daß es bis in die Mitte reichte. Da nun das Kind hungrig darauf entlang lief und nach dem Brote griff, schlug das Brett über und das Kind sank unter. Doch tauchte es noch ein paar Mal wieder auf und rief beim ersten Mal: »Ist nichts so weich als Mutters Schooß?« und beim zweiten Male: »Ist nichts so süß als Mutters Lieb?« und zuletzt: »Ist nichts so fest als Mutters Treu?« Da aber waren die Leute herbeigeeilt und schütteten viel Erde auf, daß das Loch bald voll ward und die Gefahr für immer abgewandt ist.

Doch sieht man bis auf den heutigen Tag noch eine Vertiefung, die immer mit Seegras bewachsen ist.

Die eigentliche Quelle zum „Schimmelreiter" ist die Erzählung „Der gespenstige Reiter", eine Weichselsage, die zum ersten Mal im Danziger Dampfboot (14. April 1838, Nr. 45, S. 344 f.) abgedruckt wurde und die Storm dann, wie er im „Schimmelreiter" selbst berichtet (S. 3), in »Pappes Hamburger Lesefrüchten« im selben Jahr gelesen hat.

Vor langer Zeit lebte in dem Dorfe Güttland im Danziger Werder ein tüchtiger und gewissenhafter Deichgeschworener. Unerwartet früh trat in jenem Frühjahr das Hochwasser ein. Als einer der ersten war der Deichgeschworene am Platze. Er ritt auf einem prächtigen Schimmel den Deich entlang und gab seine Anordnungen. Schnell und sachgemäß führten die Bauern sie aus. Die Deiche wurden verstärkt. Aber immer höher schwoll das Wasser, immer wilder brauste die Weichsel. Unermüdlich ritt der Deichgeschworene den Damm entlang, war bald hier, bald da, prüfte alle Arbeiten und gönnte sich keinen Augenblick Ruhe. Vergeblich aber war alles Ringen; immer höher stieg der Fluss, immer größer wurde die Angst der Bauern.

Und dann war das Unglück plötzlich da, der Strom hatte an einer Stelle den Deich durchbrochen, und unaufhaltsam fluteten die Wogen nun hinein in das Land; überschwemmten die Felder, brachen hinein in die Obstgärten, rissen die Zäune nieder und drangen in die Häuser und Ställe ein, alles vernichtend, alles zerstörend. Wie war es gekommen? Wie hatte das Unglück geschehen können? Ein Otternloch war im Deich gewesen. Für ungefährlich hatte es der Deichgeschworene gehalten, andere Stellen schienen ihm bedrohlicher zu sein.

Nun, da es zu spät war, erkannte er die Ursache des Schadens. Verzweiflung packte ihn. Er war es gewesen, der das Unglück verschuldet hatte. So klagte der unglückliche Mann sich an. Vergebens sprach man ihm Trost zu. Alle kannten seine Pflichtentreue, alle vertrauten ihm, alle wussten, dass er sein Bestes gegeben hatte; das aber die Wasser stärker gewesen waren. Sein Gewissen ließ sich nicht beruhigen, er sah das einst so blühende, jetzt verwüstete Land.

Den Reichtum der Bewohner hatten die Weichselfluten zerstört und auch – seine Ehre. So meinte er. Und verzweifelt gab er seinem Schimmel die Sporen und stürzte sich in die Fluten.

Als das Wüten des Stromes sich gelegt hatte, gingen die Leute daran, wieder aufzubauen, was ihnen zerstört worden war. Nicht zerstört aber war ihnen das Andenken an den Deichgeschworenen von Güttland. Und zur Zeit des Hochwassers glauben sie immer wieder, ihn auf seinem Schimmel den bedrohten Deich entlang reiten zu sehen.

Sekundär-Literatur (in Auswahl)

Barz, Paul: **Der wahre Schimmelreiter.** Die Geschichte einer Landschaft und ihres Dichters Theodor Storm. (Ullstein) Hamburg 1982.

Eversberg, Gerd: **Erläuterungen zu Theodor Storm: Der Schimmelreiter.** (Bange) Hollfeld 1983.

Freund, Winfried: **Theodor Storm: Der Schimmelreiter. Glanz und Elend des Bürgers.** (Schöningh) Paderborn 1984.
Freund liest Storms Novelle als Parabel auf die Gründerzeit. Ein interessantes Buch, allerdings nur wenig didaktisch-methodische Anregungen.

Freund, Winfried: **Theodor Strom. Literaturwissen für Schule und Studium.** (Reclam) Stuttgart 1994.

Hollander; Kai: **Der Schimmelreiter. Kommentar und Dokumente.** Berlin 1976.

Jaugey, Gesine: **Stundenblätter „Schimmelreiter" und „Judenbuche".** (Klett) Stuttgart 1987.
Vorgestellt wird eine fünfstündige Einheit für eine „entwickelnd-erörternde Lehrform".

Weinreich, Gerd: **Der Schimmelreiter. Grundlagen und Gedanken.** (Diesterweg) Frankfurt 1997.

Drama

Storms „Schimmelreiter" als Drama uraufgeführt

Wilhelmshaven (krz) – Die vielen Schülergenerationen als Lesestoff vertraute Novelle „Der Schimmelreiter" von Theodor Storm (1817-1888) gibt es jetzt auch als Bühnendrama: Gestern abend wurde auf der Wilhelmshavener Freilichtbühne Rosengarten „Schimmelreiter" uraufgeführt. Autor ist der aus Chile stammende Regisseur und Schauspieler Norberto Presta. Er nennt seine theatralische Version des Storm-Stoffs „Ein groteskes Spiel mit Musik". Die Inszenierung besorgte der ehemalige Leiter der Wilhelmshavener Landesbühne Nord und Intendant der Domfestspiele Bad Gandersheim, Georg Immelmann. Er hatte für die Wilhelmshavener Freilichtbühne bereits „Urfaust" (1995) und „Merlin" (1996) in Szene gesetzt. Die Musik für „Schimmelreiter" schrieb Erich Radke. Das Premierenpublikum zeigte sich zufrieden mit der Inszenierung nach Art eines Musicals und spendete freundlichen Beifall. Vor allem die Choreographie der annähernd 50 mitwirkenden Schauspieler und Laiendarsteller hinterließ Eindruck. Mit spontanem Szenenapplaus belohnte das Publikum einen Regieeinfall: Als Schimmel unter dem Reiter dient in der Inszenierung eine offene Metall-Rikscha.

Sonntag, 20. Juli 1997

Paul Barz:
De Schimmelrieder (niederdeutsche Fassung)
Alles fing damit an, dass wir das Buch „Der Schimmelreiter" von Theodor Storm in der Schule gelesen haben. Die Novelle „Der Schimmelreiter" hat uns beiden sehr gut gefallen und wir würden es weiter empfehlen. Da wir uns das Theaterstück „De Schimmelrieder" im Ohnsorg-Theater ansehen wollten, haben wir vorher einige Stücke, Geschichten und Gedichte auf plattdeutsch gelesen.
Niemand aus unserer Klasse war es gewohnt, Plattdeutsch zu sprechen, deshalb war es ziemlich schwierig, die Texte auf Anhieb zu verstehen. Das Stück hat uns sehr gut gefallen, da man sich hervorragend in die Situationen hineinversetzen konnte, die Schauspieler passten exzellent in ihre Rollen und haben die Charaktere der einzelnen Personen sehr überzeugend wiedergegeben. Wir können nur jedem, der etwas Spaß haben möchte, dieses Stück empfehlen!
© Hamburger Abendblatt, 24.11.1998

Oper

Wilfried Hiller: **Der Schimmelreiter (Oper): 22 Szenen und ein Zwischengesang nach Theodor Storm.** (Schott Musik International)

CD ROM

Den „Schimmelreiter" gibt es als elektronisches Buch auf CD-Rom mit vollständigem Text, einigen Bildbeigaben, Wort- und Sacherklärungen, Zeittafel, Quellennachweis und dem Vortrag des Textes durch einen Schauspieler. Innerhalb der Texte lassen sich Wörter suchen. Alle Texte lassen sich in begrenztem Umfang in die Zwischenablage übernehmen, so dass sie – etwa für Referate – weiterbenutzt werden können. Der Leser kann selbst gewisse Verknüpfungen schaffen, indem er einen elektronischen Notizzettel nutzt und seine Kommentare an die bearbeitete Seite heftet.

Audiokassetten

Storm, Theodor: **Der Schimmelreiter.**
Sprecher: Wolfgang Büttner. O.J.
Spieldauer ca 265 Min. 3 Kassetten.

Storm, Theodor: **Der Schimmelreiter.**
Sprecher: Gert Westphal. 1984 und 1993.
Spieldauer ca. 275 Min. 4 Kassetten.

Hörfunk und Spielfilme

Karl-Heinz Knuth: **Schimmelreiter – Über die Eindeichung der jährlichen Katastrophen.**
WDR/NDR 1996, 55 Minuten, Das Manuskript ist bei der NDR-Feature-Redaktion zu beziehen.

Der Schimmelreiter (Deutschland 1934); schwarz-weiß; 85 Minuten; Regie: Curt Oertel und Hans Deppe.

Der Schimmelreiter (Bundesrepublik Deutschland 1977/78); Farbe; 96 Minuten; Regie: Alfred Weidenmann.

Der Schimmelreiter (DDR/Polen 1984); Farbe; 95 Minuten; Regie: Klaus Gendries.

Der „Schimmelreiter" wurde bisher drei Mal verfilmt. Hauke Haien als eine der bekanntesten Figuren der Weltliteratur in „Der Schimmelreiter" ist dabei sehr unterschiedlich dargestellt und interpretiert worden: 1934 durch Matthias Wiemann; 1978 durch John Phillip Law und 1984 durch Sylvester Groth. Anregungen für die Filmanalyse gibt:
Gast, Wolfgang: Theodor Storm/Curt Oertel: Der Schimmelreiter 1934. Unter Berücksichtigung der Adaptionen v. Alfred Weidemann (1978) und Klaus Gendries (1984) (Diesterweg) Frankfurt 1995 (mit 22 Kopiervorlagen).

Dokumentarfilm

Hauke Haien – heute
16mm Nr.6005117; 23 Minuten; Farbe; 1979; D;
BM für Ernährung, Landwirtschaft u. Forsten

Nach der Schilderung früherer „Manndränken" und Aufnahmen von der Hamburger Katastrophe gibt der Film einen Bericht, wie die Länder Hamburg, Bremen, Niedersachsen und Schleswig-Holstein mit Millionenaufwand Wattboden trockenlegen und Kooge bauen, wie sie Deiche, Sperr- und Schöpfwerke errichten. Er zeigt, wie in Labors Deicherde getestet, Deichmodelle erprobt und Wellenschlaguntersuchungen vorgenommen werden und wie man Deiche aufhäuft, profiliert und besät.

Nicht in allen Fällen war es uns möglich, die Rechteinhaber ausfindig zu machen. Berechtigte Ansprüche werden selbstverständlich im Rahmen der üblichen Vereinbarungen vom Verlag abgegolten.

Wir danken dem Museumszweckverbund Husum und der Theodor-Storm-Gesellschaft Husum für die freundliche Unterstützung bei der Materialbeschaffung.

Verlag an der Ruhr
...nicht nur eine Unterrichtseinheit
Mehr in unserem kostenlosen Gesamtkatalog.

www.verlagruhr.de

Mit dem Finger über die Landkarte
Topografische Spiele und Rätsel: Europa
Ab Kl. 5/6, 74 S., A4, Papph.
ISBN 3-86072-410-X
Best.-Nr. 2410
35,- DM/sFr/241,- öS

Mit dem Finger über die Landkarte
Topografische Spiele und Rätsel: Deutschland
Ab Kl. 5/6, 70 S., A4, Papph.
ISBN 3-86072-454-1
Best.-Nr. 2454
35,- DM/sFr/256,- öS

Mit dem Finger über die Landkarte
Topografische Spiele und Rätsel: Die Welt
Ab Kl. 5/6, 70 S., A4, Papph.
ISBN 3-86072-498-3
Best.-Nr. 2498
35,- DM/sFr/256,- öS

Baumwolle
Eine Aktivmappe
Ab Kl. 5, 74 S., A4, Papph.
ISBN 3-86072-570-X
Best.-Nr. 2570
36,- DM/sFr/263,- öS

Schokolade
Eine Aktivmappe
Ab 9 J., 86 S., A4, Papph.
ISBN 3-86072-160-7
Best.-Nr. 2160
35,- DM/sFr/256,- öS

Literatur-Kartei:
„Crazy"
Ab Kl. 8, 85 S., A4, Papph.
ISBN 3-86072-496-7
Best.-Nr. 2496
38,- DM/sFr/277,- öS

Literatur-Kartei:
„Biedermann und die Brandstifter"
Ab Kl. 8, 70 S., A4, Papph.
ISBN 3-86072-463-0
Best.-Nr. 2463
36,- DM/sFr/263,- öS

Literatur-Kartei:
„Emil und die Detektive"
Ab Kl. 5, 70 S., A4, Papph.
ISBN 3-86072-571-8
Best.-Nr. 2571
36,- DM/sFr/263,- öS

Arbeitsblätter Deutsch
Literatur, Lyrik, eigene Texte
Ab Kl. 6, 96 S., A4, Papph.
ISBN 3-927279-87-0
Best.-Nr. 0987
36,- DM/sFr/263,- öS

Diktate üben – locker!
Klassen 5-6.
60 S., A4, Papph.
ISBN 3-86072-592-0
Best.-Nr. 2592
34,- DM/sFr/248,- öS

Das große Quiz zum 20. Jahrhundert
Ein Jahrhundert wird errätselt
Ab 12 J., 84 S., A4, Papph.
ISBN 3-86072-556-4
Best.-Nr. 2556
38,- DM/sFr/277,- öS

Arbeitsblätter Geschichte:
Das alte Ägypten
Ab Kl. 5, 91 S., A4, Papph.
ISBN 3-86072-259-X
Best.-Nr. 2259
36,- DM/sFr/263,- öS

„In Auschwitz wurde niemand vergast"
60 rechtsradikale Lügen und wie man sie widerlegt
Ab 13 J., 184 S., 16x23 cm, Pb.
ISBN 3-86072-275-1
Best.-Nr. 2275
24,80 DM/sFr/181,- öS

Von wegen Heilige Nacht!
Das Weihnachtsfest in der politischen Propaganda
Ab 14 J., 200 S., 20x25,5 cm, Hardcover, vierfarbig
ISBN 3-86072-572-6
Best.-Nr. 2572
39,80 DM/sFr/291,- öS

Projektmappe: Die Römerzeit
Ab 10 J., ca. 110 S., A4, Pb.
ISBN 3-86072-591-2
Best.-Nr. 2591
42,- DM/sFr/307,- öS

Religionen kennen lernen:
Islam
Ab 10 J., 49 S., A4, Papph.
ISBN 3-86072-338-3
Best.-Nr. 2338
28,- DM/sFr/204,- öS

Religionen kennen lernen:
Judentum
Ab 10 J., 49 S., A4, Papph.
ISBN 3-86072-339-1
Best.-Nr. 2339
28,- DM/sFr/204,- öS

Apostel, Mönche, Missionare:
Die erste Ausbreitung des Christentums
Ab Kl. 7, 60 S., A4, Papph.
ISBN 3-86072-573-4
Best.-Nr. 2573
34,- DM/sFr/248,- öS

Projektmappe
Afrikanische Religionen
Ab Kl. 8, 74 S., A4, Papph.
ISBN 3-86072-568-8
Best.-Nr. 2568
36,- DM/sFr/263,- öS

Auf den Spuren unseres Glaubens
Ab 10 J., 76 S., A4, Papph.
ISBN 3-86072-327-8
Best.-Nr. 2327
38,- DM/sFr/277,- öS

Verlag an der Ruhr • Postfach 10 22 51 • D-45422 Mülheim an der Ruhr • Tel.: 0208/495040 • Fax: 0208/4950495 • e-mail: info@verlagruhr.de

www.verlagruhr.de

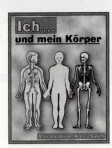
Ich ... und mein Körper
Ab Kl. 4, 49 S., A4, Papph.
ISBN 3-86072-347-2
Best.-Nr. 2347
28,- DM/sFr/204,- öS

Ich ... werde erwachsen
Arbeitsblätter Sexualerziehung
Ab 9 J., 49 S., A4, Papph.
ISBN 3-86072-348-0
Best.-Nr. 2348
28,- DM/sFr/204,- öS

Pubertät
Zwischen Happy und Depri
Ab Kl. 6, 50 S., A4, Papph.
ISBN 3-86072-578-5
Best.-Nr. 2578
32,- DM/sFr/234,- öS

Mit Kindern die Natur erleben
3–99 J., 178 S., 14 x 21,6 cm, Pb., viele Fotos
ISBN 3-927279-97-8
Best.-Nr. 0997
19,80 DM/sFr/145,- öS

Agenda 21 – Wir bauen unsere Zukunft
9–13 J., 152 S., A4, Pb., vierfarbig
ISBN 3-86072-411-8
Best.-Nr. 2411
39,80 DM/sFr/291,- öS

Klotzen Mädchen!
Spiele und Übungen für Selbstbewusstsein und Selbstbehauptung
Ab 12 J., 94 S., A4, Pb.
ISBN 3-86072-391-X
Best.-Nr. 2391
29,80 DM/sFr/218,- öS

Müssen Jungen aggressiv sein?
Eine Praxismappe für die Arbeit mit Jungen
Ab 9 J., 104 S., A4, Pb.
ISBN 3-86072-392-8
Best.-Nr. 2392
29,80 DM/sFr/218,- öS

Konflikte selber lösen
Trainingshandbuch für Mediation und Konfliktmanagement in Schule und Jugendarbeit
Ab 10 J., 207 S., A4, Pb.
ISBN 3-86072-220-4
Best.-Nr. 2220
45,- DM/sFr/329,- öS

Wir werden eine Klassengemeinschaft
Soziales Lernen in der Orientierungsstufe
Ab Kl. 5, 90 Seiten, A4, Papph.
ISBN 3-86072-388-X
Best.-Nr. 2388
38,- DM/sFr/277,- öS

Neinsagen lernen Alkohol
Ab Kl. 6, 50 S., A4, Papph.
ISBN 3-86072-575-0
Best.-Nr. 2575
32,- DM/sFr/234,- öS

„Bleib ruhig!"
Entspannungs- und Konzentrationsübungen für Jugendliche
Ab 10 J., Set in stabiler Pappbox, illustr. Anleitungsbuch (48 S.) + CD
ISBN 3-86072-328-6
Best.-Nr. 2328
38,- DM/sFr/277,- öS

Ich lebe viel
Materialien zur Suchtprävention
Ab Kl. 7, 96 S., A4, Papph.
ISBN 3-927279-79-X
Best.-Nr. 0979
36,- DM/sFr/263,- öS

Projekt: Soziales Lernen
Ein Praxisbuch für den Schulalltag
Ab 10 J., 152 S., 15,3 x 22 cm, Pb.
ISBN 3-86072-261-1
Best.-Nr. 2261
24,80 DM/sFr/181,- öS

Mediation in der pädagogischen Arbeit
Ein Handbuch für Kindergarten, Schule und Jugendarbeit
234 S., A5, Pb.
ISBN 3-86072-341-3
Best.-Nr. 2341
29,80 DM/sFr/218,- öS

Mit Freiarbeit erfolgreich in der Sek. I
126 S., A5, Pb.
ISBN 3-86072-497-5
Best.-Nr. 2497
16,80 DM/sFr/123,- öS

Malen wie die Großen
Kinder entdecken Künstler
6–12 J., 134 S., A4-quer, Pb.
ISBN 3-86072-346-4
Best.-Nr. 2346
36,- DM/sFr/263,- öS

Arbeitsblätter
Musik für die Sek. I
Ab Kl. 5, 126 S., A4, Pb.
ISBN 3-86072-409-6
Best.-Nr. 2409
39,80 DM/sFr/291,- öS

HipHop
Sprechgesang: Raplyriker und Reimkrieger – Ein Arbeitsbuch
Ab Kl. 7, 110 S., 16 x 23 cm, Pb.
ISBN 3-86072-554-8
Best.-Nr. 2554
24,80 DM/sFr/181,- öS

Inline-Skaten lernen – aber sicher!
Ein Trainingsbuch
7–14 J., 108 S., 16 x 23 cm, Pb.
ISBN 3-86072-487-8
Best.-Nr. 2487
22,- DM/sFr/161,- öS

Fun-Olympics
Sport- und Spaßspiele für alle
5–99 J., 96 S., 18 x 23 cm, Hardcover, vierfarbig
ISBN 3-86072-445-2
Best.-Nr. 2445
29,80 DM/sFr/218,- öS

Die Mathe-Merk-Mappe Klasse 5
Ab 10 J., 104 S., A4, Pb.
ISBN 3-86072-389-8
Best.-Nr. 2389
32,- DM/sFr/234,- öS

Nie mehr zu viel zahlen
Kopfrechentraining für den Alltag
Ab Kl. 6, 164 S., 16 x 23 cm, Pb.
ISBN 3-86072-589-0
Best.-Nr. 2589
32,- DM/sFr/234,- öS

Dies ist nur ein kleiner Auszug aus unserem Katalog. Dort finden Sie Unterrichtshilfen für alle Fächer von Kiga bis Sek II. Fordern Sie unseren Katalog an.

☐ **Bitte senden Sie mir Ihren kostenlosen Gesamtkatalog.**

 Verlag an der Ruhr

Postfach 10 22 51, D–45422 Mülheim a. d. Ruhr
Alexanderstr. 54, D–45472 Mülheim a. d. Ruhr
Tel.: 02 08/49 50 40 – Fax: 02 08/495 0 495
e-mail: info@verlagruhr.de
http://www.verlagruhr.de

Name _____

Straße/Nr. _____

PLZ/Ort _____

Schulform / Arbeitsbereich _____

Datum / Unterschrift _____

Sek-09/00

Verlag an der Ruhr • Postfach 10 22 51 • D-45422 Mülheim an der Ruhr • Tel.: 0208/495040 • Fax: 0208/4950495 • e-mail: info@verlagruhr.de